Deseando a Un Dios Que Le Puedas Hablar

Jesse Duplantis

Jesse Duplantis Ministries

Deseando a un Dios Que le Puedas Hablar
por Jesse Duplantis
Publicado originalmente en inglés con el título:
Wanting a God You Can Talk To
ISBN: 9 781634 169998
Copyright © 2001 por Jesse Duplantis

PO Box 1089
Destrehan, Louisiana 701047
Publicado por Jesse Duplantis Ministries

Dedicación

Este libro es dedicado a todos aquellos que han venido a mí después de un servicio y me dicen, «Hermano Jesse, yo desearía que Dios me hablara a mí como Él le habla a usted». ¡Yo escribí este libro contigo en mente! Yo espero que este libro te ayude a reconocer la voz de Dios más claramente para que puedas gozar la maravillosa e intima relación con Dios como lo deseas.

Tabla de Contenido

CAPÍTULO 1

El Dios de Mi Niñez

Todo lo que yo deseaba, era un Dios al que le pudiera hablar. Pero, mientras yo crecía, Dios no era alguien con quien tú pudieras tener una conversación. Yo soy un hombre *cajún-francés, que creció al lado de los pantanos del Sur y de las orillas del río Mississippi. Mi papá trabajaba en la industria de petróleo, y mi familia se trasladaba por todos lados. Cada movida significaba que íbamos a ir una iglesia diferente, experimentando diferentes denominaciones en mi niñez. Cuando un niño en la nueva escuela me preguntaba. «¿De qué religión eres?» Yo decía, «Escoge una. Yo he estado ahí».

Si tú creciste en el Sur de Luisiana, tienes que haber sido católico por lo menos una vez. Yo fui cristianizado un niño católico. ¡El noventa porciento de la gente que yo conocía era católica también, porque eran los únicos que venían a nuestra área a hablar de Dios! Le tienes que dar crédito a los católicos. ¡Los Católicos tenían un

*La palabra «Cajún». Se les denomina a aquellas personas, que viven especialmente cerca de los pantanos del Sur de Luisiana, y que hablan un tipo o dialecto de francés.

plan! Mucha gente critica a la iglesia católica, pero yo no, porque ellos salieron e hicieron algo para el mundo— convirtiendo gente y construyendo iglesias por todo el camino.

Así que, como un joven católico en los años cincuentas, la iglesia era un *Dios* para mí. Ni siquiera pensaba en Dios en términos de tener una personalidad. Para mí, donde fuera que hubiese una iglesia, ahí era donde estaba Dios, y yo lo dejaba sentado ahí en los bancos cuando salía fuera de las puertas de la iglesia después de la misa.

En esos días, nadie hablaba con Dios. Si tú querías y tenías el valor de decirlo, la gente te miraba como si fueras un arrogante. Te decían algo como, «¿Quien crees tú que eres muchacho? ¡Tú no puedes hablar con Dios! ¡Habla con el sacerdote!»

Dios no estaba en disposición. Por lo tanto, tú dejabas un mensaje con Su siervo y no esperabas a que te llamaran de regreso algún día. Si te sentías como que eras digno de hablar direncto con Dios, te enseñaban que solo era una conversación de una villa. Nunca nadie te decía que Dios te respondería. Y si tú estabas oyendo algo de alguien cuando tú orabas, te decían que estabas loco. ¡Solamente que tú no lo sabías!

Tenemos Una Conexión al Cielo

Luego, algo extraño pasó en nuestra familia. Mi papá fue «salvo" y cambiamos de la iglesia católica a la iglesia bautista. ¡Que cambio cultural tan drástico! Nunca me olvidaré cuando mis padres me preguntaron, «¿Jesse, quieres ser salvo?»

«De qué?». Les dije.

Ellos me tuvieron que explicar. En ese entonces, los católicos no usaban términos como «ser salvo» y «nacido de nuevo». Esas, eran palabras Bautistas. De hecho, yo aprendí un nuevo lenguaje en la iglesia Bautista. Palabras como, «unión de entrenamiento» y la «escuela bíblica de vacaciones» ellas formaron parte de mi vocabulario cajún. No más catecismo para mí—ahora era, la Escuela Dominical, Unión de Unión de Entrenamiento y Escuela Bíblica de Vacaciones. En otras palabras, escuela, escuela y más escuela. Y los servicios eran largos también.

Ahora, en la iglesia Bautista que nosotros asistíamos, todos lo sermones y las lecciones de la Escuela Dominical se centraban en los grandes «nos». Porque cuando uno era « salvo», en eso es que uno se concentraba. Los tres más importantes eran: No fumes, no tomes y no seas mujeriego.

Ellos predicaban, que sí uno podía hablarle a Dios y criticaban a los católicos por mandarnos a hablar a los santos y a los sacerdotes. Pero, que tú nunca esperaras que Dios te hablara de regreso. Por lo menos te animaban a que oraras siempre a Dios y se nos repetía eso bastante, que Dios te perdonaría cualquier cosa. A nadie se le decía que esperan algo de Dios en forma de conversación. Se suponía que tú deberías estar contento siempre y agradecido por la salvación, simplemente que esperáramos que Dios nos escuchara cuando orábamos, y que siguiéramos una vida decente.

Por lo tanto, el hablar con Dios era como un juego de azar, porque como decían en el Sur de Luisiana, y lo escuché muchas veces que lo puedo repetir exactamente, ellos decían, «Tu sabes como Dios es. Algunas veces lo hace y algunas veces no». ¡Oímos eso tantas veces, que se pudo haber puesto una placa afuera enfrente de la iglesia después de Juan 3:16! Como un casino del evangelio, figurabas que tenías un promedio de cincuenta-cincuenta, que Dios te estaba escuchando. Él era un Dios muy ocupado, y tú esperabas y deseabas que tuvieras suerte de que te escuchara y te contestara la oración.

Claro, yo no estoy siendo crítico de la denominación Bautista, porque yo amo a la denominación Bautista y realmente creo, que ellos tienen un mayor entendimiento de la gracia y la redención de casi cualquier denominación. ¡Mi vida fue totalmente cambiada por un ministro Bautista quien me enseño de un Jesús misericordioso! Por lo tanto, yo no tengo nada en contra de ellos, y estoy agradecido por su asombrosa contribución al cristianismo. Pero, como un joven yendo a la iglesia donde nuestra familia iba, Jesús realmente no era accesible. Yo nunca fui enseñado, que Dios podía hablarme de regreso. Talvez le hablaba al predicador; pero, no a mí.

Así es que, cuando me preguntaron, «¿Te gustaría nacer de nuevo?» Yo pensaba, *eso es mucho, apenas tuve suerte de haber nacido una vez.* Realmente, no tenía entendimiento del concepto de un renacer espiritual, porque no entendía como alguien podía tener una «relación personal» con Jesús.

Si tú no esperabas que Él te hablara de regreso, ¿cómo tú le podías conocer? Eso era el razonamiento de mi mente de niño. Cuando me preguntaron, «¿Quieres hacer una profesión pública de tu fe?» Yo contesté, «No tengo ninguna». Yo estaba en lo correcto.

Yo no tenía ninguna fe real. Así es que no podía hacer una profesión pública. Yo fui a la iglesia con mis padres y oí todas las lecciones de «ser bueno y ser amable». Pero sentía que Dios estaba distante, arriba en el cielo, y ocupado arreglando los asuntos de la demás gente. ¿Por qué voy a trabajar a ser una persona buena si yo no le importaba a Él?

Fuimos a la iglesia por un tiempo, pero algo le pasó a mi papá también que sacudió a nuestra familia. Por accidente, ¡papá recibió algo que él llamó el Espíritu Santo! Él comenzó a hablar en un lenguaje que la gente de la iglesia llamaba lenguas.

Entonces, los Bautistas nos sacaron de la iglesia. Ellos pensaban que el hablar en lenguas, era algo que venía directo del diablo y no querían al diablo en su iglesia. ¡Así es que salimos de ahí! Para mí, quería decir, no más Unión de Entrenamiento, no más Escuela Bíblica de Vacaciones. Y también, no más hora y media de servicios.

Cuando nos cambiamos a la iglesia Pentecostal, el servicio de domingos, era un evento de todo el día. ¡Durante la semana podías ir a la iglesia casi todos los días! ¡Un avivamiento podía durar seis semanas! Yo pensé, *¡Hombre, la misa católica duraba media hora, los servicios Bautistas como una hora!* *¡Pero en esta iglesia, nunca vamos a salir!*

La verdad es que mi papi tenía suficientes problemas con el lenguaje inglés. Él era un hombre cajún-francés, y algunas veces su inglés lo mesclaba con francés. Ahora él tenía un lenguaje de oración para agregar a la mescla y sonaba como una lengua Zulú Africano. Yo oía a papá orar y pensaba, *¡Él está viendo esas películas africanas de nuevo!*

Cuando papá me preguntó, «¿Hijo, te gustaría recibir el Espíritu Santo?» Yo no lo quería. Sonaba raro, y además, toda la gente en la iglesia Pentecostal era rara.

Cuando era niño, yo pensaba que los pentecostales era la gente más bulliciosa que yo había visto en la iglesia. No podía creer lo que mis ojos miraban cuando yo los veía correr hacia el altar gritando, llorando y saltando, «Ohhhhhhhhh...¡Ayúdame! ¡Ayúdame!»

Yo pensaba, *¡Dios, ayuda a esa gente!* Era algo serio lo que estaba pasando en el altar en cada servicio. La gente temblaba y lloraba todo el día si tú los dejabas. Realmente no oraban o hablaban con Dios; ¡era como que le estaban gritando! ¡Ellos daban grandes voces a Dios! Aún levantaban las manos lo más cerca al techo de la iglesia, para acercarse más a Dios. Yo pensé que era lo más raro que había visto, y ya había visto antes, cosas muy extrañas en este tiempo en mi vida como joven.

Esa gente amaba la iglesia tanto, que estaban ahí cada vez que las puertas se habrían. Ellos cantaban, corrían alrededor de la iglesia. Para nosotros, la oración tomó un nuevo significado—nada pasaba, hasta que «uno oraba hasta alcanzarlo» que usualmente significaba que la oración duraba hasta la media noche y más. Ahí era cuando algo sucedía. Después de haber orado todo el día, la gente oía de Dios a media noche. Yo nunca entendí por qué ellos no esperaban hasta las once de la noche para empezar a orar. Si Dios no iba a mostrarse hasta la media noche, ¿cual era la razón de matarse toda la tarde y toda la noche?

Yo tuve un shock cultural más fuerte cuando se trataba de la Escuela Dominical. ¡La Unión de Entrenamiento era fácil en comparación a la Escuela Dominical en esta iglesia! No estoy siendo crítico de todas las iglesias pentecostales porque no todas son iguales; pero en esta iglesia, tú te sentabas en la Escuela Dominical que el maestro soltaba sermones de fuego del infierno y granizo a tí, hasta que la culpabilidad y temor de verdad, se apoderaban de tu mente.

Todo parecía ser pecado en esta iglesia. Si a tí te gustaba hacer algo, ¡de seguro iba a ser pecado! ¡Y si uno no lo era todavía, pronto se iba a convertir en pecado, tan pronto tu decías que te gustaba!

Claro, los tres «nos» más grandes de la otra iglesia eran todavía pecado: No fumar, no tomar y no mujerear. Pero aquí, la lista era como de kilómetro y medio de largo y para nadie era peor que para las mujeres. Para las mujeres, el usar maquillaje, era pecado, el cortarse el pelo era pecado, el usar pantalones era pecado, y aún ¡el usar blusas sin mangas era pecado!

Hoy yo pienso, *Hombre, si el mirar abajo de los brazos de una mujer te excita, ¡tú necesitas a Dios!* Pero en ese entonces, miraba a mi alrededor y pensaba, *¡Estas son las mujeres más miserables que he visto en mi vida!* Estas pobres mujeres, tenían que llevar el vestido más largo y extraño hasta el piso y el cabello, enrollado en su cabeza tan apretado que vivían en un estado de agravio perpetuo. Créeme, el cabello enrollado no era el estilo de esos días, así es que ¡tú podías reconocer a las mujeres de nuestra iglesia a un kilómetro de distancia! Un poquito de color en la mejía de alguna mujer, ponía a las otras mujeres de la iglesia a murmurar y a echar chispas, «¡Solo mira a esa Jezabel! ¡Tiene maquillaje en su cara, esa pequeña Jezabel!»

Lo que nunca entendía como niño, era por qué los hombres de la iglesia, se molestaban en casarse. Quiero decir, si la mujer era tan mala, ¿Por qué cada hombre de la iglesia quería una? Si yo decía algo como eso, recibía una bofetada por pensar cosa semejante. ¡Era una locura!

Los hombres y los jóvenes, tenían que tratar con sus propios pecados. Si tú eras un muchacho y tu cabello era largo suficiente para cubrir tus orejas, era pecado. Tenía que estar cortado bien corto o te ibas ir al infierno. En esa iglesia, aún el jugar algún deporte era pecado.

Ahora, a mi me gustaba mucho el baseball. Yo amaba ese juego. Me encantaba el uniforme. Me gustaba todo al respecto, y yo era muy bueno también. Gané muchos trofeos como jovencito. Mi papá me llevaba en su carro a los juegos, esto era una de las pocas cosas que hacía que era legal. Cuando empezamos a ir a la iglesia pentecostal, pronto aprendimos que mi deporte favorito era un pecado del infierno también. No lo podía creer.

Mi papá no estaba de acuerdo con ellos, pero no pasó mucho tiempo en el cual mi papá dejó de llevarme a los juegos. No era que papá realmente pensaba que el baseball era pecado. La verdad es que él no quería recibir crítica de los otros miembros de la iglesia. Por lo tanto, me dijo que iba a tener que me llevara si yo quería seguir. Lo hice así, pero terminé dejando el juego, porque no siempre podía conseguir que alguien me llevara. Si nadie me recogía, perdía el juego o llegaba tan tarde que era vergonzoso para mí.

Aquí, todo era pecado. Lo único que podías hacer era comer. ¡Y como comían ellos! Esa gente comía de verdad. Las mujeres eran tan gordas que la gordura llegaba hasta sus zapatos y los hombres tenían estómagos gigantes como de cincuenta libras colgando de sus fajas.

Muy pronto, vi la hipocresía; Yo se lo mencionaba a mi mamá y recibía una bofeteada. Yo no entendía como alguien venía a la iglesia con olor a cigarro y ser condenado al infierno, mientras que esta gente podía tragar ollas enteras de gumbo y carne por barril y nadie mencionaba la palabra glotonería. ¿Si el fumar era tan malo, qué había de bueno de que comieras hasta ponerte obeso? Yo me imaginaba que uno podía tirar pizzas como platillos y ellos lo agarraban con sus bocas y se los tragaban enteras. Pero, ¿que más podían hacer, si todo era pecado? ¡La única cosa placentera era la comida! ¡A mí no importaba si ellos eran gordos o no, yo solo quería que me dejaran jugar baseball y que pararan de criticar a los que fumaban!

En la iglesia Pentecostal donde asistíamos, algunas de las mujeres eran tan malas. Tal vez eran los peinados que usaban tan apretados en sus cabezas. Había una mujer que era en verdad tosca y mala. Yo pensaba, que tal ves se había rasurado las piernas con un machete. ¡Ella sí era mala! Yo creo que ella ponía pólvora en los panes que comía. Esta vieja mujer tenía una mueca apretada, y siempre estaba criticando a alguien por alguna cosa. Se sentaba en la iglesia y se le quedaba viendo a uno como si uno era el peor muchacho en la tierra. Sus ojos decían que si ella te podía darte un golpe y que vieras luces, mientras tu mamá no estaba viendo, ella lo haría. ¡Esta sí era una mujer rara! Yo y los demás muchachos, nos manteníamos lo más lejos posible de ella.

Ahora, en esta iglesia Pentecostal donde íbamos, Dios no estaba tan distante como en las otras iglesias que fuimos. De hecho, se nos decía que esperáramos una respuesta de Dios a nuestras oraciones. Pero que era claro, no ibas a recibir una respuesta sin una pelea. Una seria tribulación ibas a tener pasar primero, y tú solo ibas a tener una respuesta, si estabas dispuesto a poner el tiempo y ser perfecto en el proceso. La oración era algo duro e involucraba largas horas de ruego y clamor en el altar.

El sufrimiento era una gran parte del proceso. Te advertían que Dios estaba siempre listo a tirarte en el infierno si tú cometías un error. Un pecado te podía mandar ahí, pero si tú pedías perdón, estabas de regreso en el camino al Cielo.

¡Yo iba al infierno y salía de ahí tantas veces que no sabía que hacer con mí mismo! Nunca me sentí bien lo suficiente. Siempre estaba tratando, tratando y tratando—y nunca alcanzaba a Dios. Y esto era muy duro para mí.

Y por encima de eso, mi iglesia predicaba que el infierno era tan caliente, que en la Escuela Dominical tenía miedo de abrir mi boca y hablarle a Dios, porque talvez ese día podía estar de mal humor y podía «¡golpearme!" En esa iglesia aprendí a no molestar a Dios. La gente decía, "¡mejor que no hagas eso, Dios te va a matar hijo!"

Yo pensaba dentro de mí, *¡Entonces, yo no voy a hablar con Él!*

Mi papá estaba tan emocionado acerca de Dios y por ser lleno del Espíritu Santo y hablar en lenguas que, en seguida empezó a predicar y a testificar en las esquinas de las calles. Él me enseño a tocar la guitarra a los 5 años de edad, así es que me ponía con él y tocaba mientras él predicaba salvación a la gente que pasaba.

Era para mí como un joven, vergonzoso el tocar mientras ellos se burlaban de nosotros en las esquinas. Poco tiempo después, se mudó de las esquinas a la iglesia, y se convirtió en un pastor Pentecostal y eso traía consigo un número de reglas para mí, como tocar música en la iglesia. También quería decir, que tenía que tocar en la iglesia que estaba más adelante del camino cuando ellos necesitaban un músico. Mi papá me prestaba a sus amigos pastores, cuando ellos no tenían a nadie.

Como un muchacho en este tipo de iglesia, pensé que lo mejor para mí, era callarme la boca. Después de todo, Él estaba enojado y yo sabía que si le hablaba lo iba a enojar aún más. Los castigos de Dios no eran livianos. Eran piernas quebradas, accidente de carros repentino, enfermedades, dolencias y un infierno caliente después de la muerte.

¿Vez tú ese cuadro?

Después de Todo, Dios Estaba Escuchando

Hoy en día, es cómico para mí porque ahora sé mucho más de Dios que antes. Yo sé ahora, que Él es un Dios amorosos y misericordioso que realmente quiere tener una relación con Sus hijos. Sus pensamientos podrán ser más altos que los tuyos, pero Él siempre está dispuesto a hablar, y Él nos quiere guiar para que obtengamos la mayor parte de Su precioso regalo que se llama, vida. Hoy ya no vivo debajo de la presión de un Dios distante y enojado como el de mi juventud.

He crecido. Tengo más sabiduría.

He encontrado al Dios verdadero y he aprendido una y otra cosa acerca de Su personalidad. Y he tenido la increíble oportunidad de pasar cada día hablando con Él desde entonces.

¿Y sabes qué?

Él me habla de regreso.

No, yo no estoy loco. Y no estoy esquivando los rayos cada vez que me equivoco en la vida y necesito el perdón. Lo que he encontrado, es a un verdadero amigo y a un verdadero Padre. He encontrado a un Dios que le puedo hablar.

Algunas personas no creen que verdaderamente tengo una relación con Dios, pero no me importa lo que la gente dice o piensan de mí, porque yo se que es verdad. No estoy aquí para convencer la gente que Dios es real y que Él les puede hablar. Yo nunca he leído en la Biblia que Jesús trató de convencer a la gente, de que Él era el Hijo de Dios. Tú nunca le escuchaste rogar diciendo, «¡Vamos, yo soy el

Hijo de Dios! ¡Realmente lo soy! ¡Me tienen que creer! ¡Yo soy, yo soy!¡Yo soy el Hijo de Dios!»

Por lo tanto, yo sigo Su ejemplo al no darle a la gente golpes con la verdad. Que la gente acepte la verdad o no, depende de ellos. Yo simplemente estoy escribiendo este libro, para compartir mi historia y compartir algo de lo que he aprendido acerca de la comunicación con Dios; el entender algo de lo que Él ha escrito en la Biblia, y simplemente gozar la vida y creer en Jesucristo.

Para mei, el gozo es la parte favorita de conocer a Dios. ¡Me encanta tener paz en mi vida en lugar de todo el remolino que vi en mi niñez! He aprendido que Dios puede ir más allá de las cuatro paredes de la iglesia. He aprendido que Él no está buscando formas de dañarte. Yo se ahora que la mentalidad de, «nunca lo suficiente bueno" durante mi niñez, era una falsedad.

Por ahí hay una ilusión que la mayoría de la gente tiene de Dios. Ellos piensan que la religión y Dios van de mano a mano. No lo es. El ir a la iglesia no te garantiza que vas a conocer a Dios. Yo fui a la iglesia en toda mi niñez y en realidad nunca conocí a Dios. ¿Sabes por qué? Porque el conocer a alguien, aunque sea Él que hizo el universo, es una cosa personal.

Cuando yo era un niño en la iglesia, todo lo que yo quería era a un Dios que le pudiera hablar. Mientras que talvez no haya tenido una relación de dos vías en ese entonces, ¡Hoy, definitivamente la tengo! Encontré lo que estaba buscando, en un inodoro, de todos los lugares. Creo que podrías decir que me encontré con Dios en un "trono." Te diré más de eso, en el siguiente capítulo.

No quiero que tomes la impresión equivocada. Para este tiempo en mi vida, yo no estaba buscando a Dios. Ya me había dado por vencido de la religión, y no tenía interés de conocer a Dios.

Me había convertido en un músico de rock, tocando música de Led Zeppelin, Grand Funk, y Deep Purple. Había estado tocando música desde que era un niño. Para este entonces, me estaba escapando de la casa para visitar los bares locales y tocaba la guitarra para colectar dinero, dentro y fuera de Nueva Orleans.

Yo iba a la escuela durante el día, trabajaba en un lugar por la tarde hasta anochecer y me escapaba de la casa para tocar música tarde en la noche. Yo hice eso durante la escuela elementaría y la secundaria, y durante esos años, yo hice en un año, más dinero que mi papá. La gente paga para ser entretenida y la música llegó a ser mi boleto para salir fuera del Sur de Luisiana.

En 1970, me casé con mi esposa, Cathy, y salimos fuera de Luisiana. Para ese entonces, ya me había formado la opinión de que las iglesias eran para la gente que no podían triunfar solos y que eran un montón de hipócritas. Yo pensaba que cualquiera que creía en sanidad estaba enfermo y todos los que creían en prosperidad, estaban sin dinero y todo parecía ser pecado. La gente de la iglesia se miraba miserables. En ese entonces, seguro que no estaba buscando a Dios, pero Él sí me estaba buscando a mí. Él mandó a un hombre al cuarto de mi hotel para decírmelo.

CAPÍTULO 2

Él Abrió los Oídos de Mí Corazón

Fue un fin de semana del Día del Trabajo en 1974. Tenía veinticinco años de edad, en una gira con mi banda tocando música rock-n-roll de los 70's—¡me encantaba eso! ¡Y me encanta aún todavía ese tipo de música! Si me hubieras visto en ese tiempo, me tenías que llamar un «loco hippie Peludo» ¡al menos tú hayas sido uno de ellos también! Así es como llamaban a la gente en ese tiempo.

Mi pelo era color chocolate y colgaba hasta la mitad de mi espalda. Era muy delgado por usar drogas. Mi aliento olía a licor porque me gustaba tomar. De hecho, tomaba una botella de Scott al día—no para emborracharme, sino solamente porque era lo que yo hacía. También perseguía a las mujeres y pecaba todo lo que yo podía.

Mi esposa Cathy, viajaba con la banda, pero se quedaba con nuestra hija, Jodi en el hotel la mayoría de las veces. Ella trató de hacer una vida normal durante nuestros viajes. Ella había sido salva un año y medio atrás, mientras miraba a Billy Graham en televisión, y poco tiempo después fue llena del Espíritu Santo. ¡No podía creerlo! Yo maldecía cada vez que ella me hablaba de Dios para que ella cambiara de tema.

Cathy siempre encontraba una iglesia para ir en cada ciudad que íbamos, mientras permanecíamos ahí. Y llevaba a Jodi a la iglesia con ella también. Y no pasó mucho tiempo, para que ella también me dijera que yo iba ir al infierno». ¡Era espeluznante escuchar a una voz tan aguda decir eso!

Yo le dije, «¿Quién te dijo eso, Jodi?».

Y con su dedito apuntaba a Cathy, diciendo, mamá.

Pienso que lo debía de haber anticipado, porque Cathy había estado hablando con mi mamá, una loca Pentecostal quien siempre le estaba predicando a ella de Dios. Me daba cuenta cuando Cathy oraba por mí por las noches cuando ella pensaba que estaba dormido y yo le decía, «¿Que estás haciendo mujer? ¿Estás loca #*%^@...? ¡Déjame en paz!»

La vida que yo estaba viviendo me estaba desgastando.

Esa noche, yo estaba en el cuarto de mi hotel y me estaba preparando para ir a tocar con mi grupo. Sucedió que me preparé muy temprano y tenía un poco de tiempo libre para relajar. Me senté para mirar un poco de televisión. Cathy tenía el canal puesto en una campaña especial de Billy Graham, durante el fin de semana del Día del Trabajo.

Le dije, «¡Yo no voy a ver esa basura!»

«¿Por qué no? Cathy preguntó, «Él atrae más gente que tú».

¡Me sorprendió, Cathy me tiró una buena! Normalmente Cathy nunca me decía cosas como esas, aún en este día ella dice que no sabe por qué me dijo eso. Pero me dio en el blanco y no dije nada de regreso porque ella tenía razón. Yo estaba interesado en el éxito, y este hombre había llenado un estadio con gente que quería escuchar lo que tenía que decir.

Continué viéndolo.

Ahora, tú tienes que entender que yo no era un hombre que caía bien a la gente. No era amigable o cómico. Yo era ambicioso y estaba interesado en una cosa solamente—éxito. A mí no me importaba nadie sino solo a mí mismo. Cathy me decía cosas como, «Nadie amaba a Jesse más que Jesse mismo». También decía que «yo era una leyenda en mi propia mente». Ahora nos reímos porque yo era una persona egoísta, y si las cosas no hubieran cambiado, alguien estaría muerto hoy—¡Yo!

En ese entonces, aunque yo amaba a mi esposa, era la carrera de la música que venía primero y Cathy lo sabía cuando nos casamos. Yo había crecido muy pobre, trabajaba desde que tenía once años y tuve una vida dura. Yo venía de la vieja escuela que decía que tú tienes que trabajar duro para conseguir lo que quieres y no debes de parar, hasta que lo obtengas. Nadie me iba a dar nada y yo lo sabía. Yo tenía que hacer el camino por mí mismo. Eso quería decir que nada se iba a poner en mi camino—¡no esposa, no niños, nada! Todo en la vida era secundario a mi carrera.

Yo no te hubiera caído bien en ese entonces.

Pero Dios me amaba.

Y mientras yo escuchaba al predicador en la televisión hablarme acerca de Dios, escuché algo que nunca había escuchado en mis años en la iglesia. Escuché acerca de un Dios que me amaba exactamente, así como era. A Él no le importaba mi apariencia o si tenía olor a licor en mi aliento.

Esa noche, yo escuché acerca de un Dios que se preocupaba por mí. Alguien que estaba interesado en conocerme, *hablarme*, y quería lavar mi pecado y ayudarme. Ahora, es duro explicarlo, pero algo pasó en mi corazón esa noche mientras estaba sentado ahí escuchando. En lugar de hacer lo que normalmente hacía cuando Cathy me hablaba acerca de Dios, que era maldecir y salir de ahí, me senté quieto y escuchaba al hombre hablar. Pero sus palabras no solamente entraron a mis oídos; ellas entraron a mi corazón, también.

Nunca antes, había sentido la compasión de Dios salir a través de las palabras del predicador, y de repente quería escuchar a este hombre hablar. Quería escuchar lo que quería decir porque había amor y misericordia en sus palabras. Esa noche, yo no escuché un «no». No escuché a un Dios preparándose a matarme o viéndome tan sucio y como un pedazo de basura que era. Yo ya sabía que era un pecador. Yo no necesitaba que alguien me lo dijera. Nunca escuché tampoco al predicador decir que yo no era lo suficiente bueno para conocer a Dios.

Mientras yo escuchaba, algo comenzó a jalar en mi corazón.

Algo comenzó a romperse.

Ahora, cuando tú has sido aplastado en toda tu vida, diciéndote que tú no vales nada, y que Dios está enojado contigo, algo pasa cuando tú oyes de repente del amor de Dios. Tu corazón es casi abrumado por el amor de Dios. Tu mente es casi abrumada por la verdad.

El escuchar de repente que Dios te ama exactamente como eres, que Él creó tu personalidad, te formó en el vientre de tu madre, que Él cuida de tí tanto que mandó a Jesús a morir por tus pecados, bueno, esto es nada corto de asombroso.

Y esa noche, yo escuché que Dios mandó a Su Hijo Jesús a la cruz por mí. Dios quería lavarme y limpiarme de mi pecado, para que Él pudiera conocerme y hablarme. Bueno, eso era lo que yo quería desde niño. Solamente quería a un Dios que le pudiera hablar.

Entonces escuché al predicador citar este versículo muy conocido:

«Porque de tal manera amó Dios al mundo, que ha dado a su Hijo unigénito, para que todo aquel que en él cree, no se pierda, mas tenga vida eterna.

Porque no envió Dios a su Hijo al mundo para condenar al mundo, sino para que el mundo sea salvo por Él».

Juan 3:16,17

En otras palabras, el predicador estaba diciendo, «Jesse, Dios mandó a Jesús, para que tú no mueras sin Él; pero para que tú continúes después de esta vida y vivas eternamente con Él. Esa es la salvación, Él no mandó a Jesús para condenarte y para decirte lo malo que eres. Él lo mandó para salvarte y decirte cuanto tú vales».

De repente, me dí cuenta de que había un gran vacío dentro de mí. Había vivido para mí solamente, haciendo lo que yo quería. Había estado trabajando duro, tomando mucho, endrogándome bastante y viviendo mal. Ese tipo de vida tan pesada, me había moldeado a un hombre muy duro. Pero de repente, lo duro comenzó a ablandarse y el vacío de mi corazón era abrumante.

Ahora, yo no soy del tipo de hombre que llora. Ni siquiera podía recordar la última vez que había llorado; talvez tenía unos cinco años, no se. Aún cuando era muy pequeño, si yo me golpeaba me decían, «¡Aguántate muchacho! ¡No vayas a llorar! ¡Sé un hombre!»

¡Como un joven que creció en el Sur, un camión me podía pasar por encima y no se suponía que llorarara! Pero mi hermanita se podía dar un golpecito en su dedo y llorar por horas y nadie se quejaba. ¡Yo nunca pude entender eso! ¡Dolor es dolor, seas tú un varón o una hembra!

Pero, mientras yo estaba sentado a la orilla de la cama, mis ojos se empezaron a llenarse de lágrimas. Y, porque yo me sentía muy incómodo por llorar, me levanté y fui al baño para que Cathy no me viera. Cuando yo cerré la puerta, miré hacia el cielo del cuarto y las lágrimas empezaron a salir de mis ojos. Traté de "ser hombre" y parar de llorar, pero no podía. En ese inodoro en Boston, Massachusetts, entregué mi vida en las manos de Dios.

Dije, «Dios, yo no se si existes, pero si tu existes ven a mi vida y sálvame».

¿Y sabes que pasó?

Dios me salvó.

Así tan simple, yo sabía en mi corazón que Él había escuchado mi oración. Ahora, algunas gentes talvez no van a creer eso; pero es verdad. Es difícil de explicarlo, pero fue como una presión inmensa que salió de mi pecho. En seguida, me dí cuenta sin lugar a dudas que Dios era real, que Él estaba ahí conmigo escuchándome, y que Él en un momento, había escuchado la oración que había venido de mi corazón. Él me estaba llenando de Él mismo y me estaba sanando. De repente, ya no estaba solo. Ahora tenía a Dios.

Fue una simple oración, pero que cambió radicalmente mi vida, y yo salí de ese inodoro, un hombre libre. Ni siquiera sabía que había estado caminando con tan grande carga. Ni siquiera sabía que yo era un prisionero en mi propia vida. Pero, después que acepté a Dios, me dí cuenta por primera vez en mi vida, que era libre, realmente libre, y que Dios mismo me amaba. La vida de repente se sintió como nueva. Yo salí de ese baño del hotel un hombre nuevo.

Había nacido de nuevo.

¿Quien iba a creer que eso me podía pasar a mí? ¡Nadie sino Cathy y mi mamá! Y claro, Dios. Él sabía que yo lo necesitaba todo el tiempo. Él sabía todo mi pasado y me estaba esperando a que yo me volviera a Él, para que me mostrara un buen futuro. Dios tenía planes para mi vida que yo ni siquiera podía soñar, aunque hubiera tratado

Una Voz Saliendo de Mi Corazón

Cuando yo nací de nuevo esa noche en Boston, inmediatamente noté de que algo realmente había cambiado en mi corazón. Es como que si Dios había puesto oídos en mi corazón, y de repente, estaba oyendo esa voz suave hablándome. En los siguientes días de mi conversión, me despertaba a media noche y oía esa voz en mi corazón. Al principio no sabía lo que estaba pasando, pero de pronto me dí cuenta, que esa voz que salía de mi corazón, era Dios. ¡Él me estaba hablando!

Antes que yo aceptara a Jesús como mi Salvador, nunca oí una voz saliendo de mi corazón. Ni siquiera oí «la voz de la conciencia» como la gente le llama. ¡Hasta donde yo sé, ni sabía que tenía una conciencia del todo! Yo pecaba sin pensarlo ni un segundo y yo pensé que entre más pecaba era mejor. Yo hacía cualquier cosa que me hiciera sentirme mejor en el momento. No me importaba si estaba durmiendo con diferente mujer o dos cada noche, tomando botellas de whiskey, o usando cocaína para divertirme.

Yo solía poner alucinógenos en las maquinas de palomitas o pop-corn en el club, y después me reía al ver la gente caerse de los bancos endrogados. Yo los pude haber matado si hubiera sido otra droga, pero a mí no me importaba. Yo era un loco sin conciencia.

Pero después que entregué mi vida a Dios, mi corazón cambió totalmente. Era como si escamas habían sido quitadas de mis ojos y ahora podía ver, realmente ver, por primera vez en mi vida. Yo nunca lo olvidaré porque tenía que tocar en un show la noche que fui salvo, y cuando entré en el club miré a los alrededores y ví lo que realmente era—un hoyo. Era un hoyo cubierto de un terciopelo rojo oscuro. Yo toqué en el show porque era mi trabajo y estaba bajo contrato, pero mi corazón ya no estaba ahí.

La música me gustaba aún, pero, el estilo de vida ya no me atraía. Ya no quería tomar más. Ya no quería deshonrar a mi esposa durmiendo con otras mujeres. Quería serle fiel a ella y un buen padre para mi pequeña niña. No quería más usar cocaína, tomar PCP o usar drogas. Dios había cambiado mi corazón. Él me había dado un deseo de pureza que nunca tuve antes. Y empecé a tener un amor por la gente también, que nunca había tenido.

De repente, me preocupaba por las almas de los miembros de mi banda. Antes no me hubiera importado que creyeran. Pero ahora, quería que supieran que Dios era real. A ellos no les importaba escuchar acerca de esto. Me oían y estaban de acuerdo solo por el hecho de estar de acuerdo conmigo. Ellos decían, "Sí hombre, Jesús... sí, esto es tremendo."

Ellos eran como yo antes que Dios cambiara mi corazón. Todos teníamos la actitud de los 60' que básicamente era, «Lo que es bueno para tí es bueno para tí y lo que es bueno para mí, es bueno para mí». Pero de repente, yo sabía la diferencia.

Dios era para todos y no solo para mí. Yo sabía que tenía que salir de la industria musical del Rock. Mi corazón ya no estaba ahí, y yo sabía que Dios tenía otros planes para mi vida.

Es Un Gozo Conocer a Dios

Pasé a través de muchos cambios en esos tempranos años de mi vida y ahora, soy un predicador del Evangelio. ¡Yo nunca pensé que esto iba a suceder! ¡Nadie tampoco lo pensó! Yo soy el último de mi familia. Ninguno que me conocía esperaba de que yo me convirtiera en un predicador. Cuando fuí a la reunión de mi escuela de los que no habíamos graduado del bachillerato, votaron por mí como el hombre «Más Cambiado de Todos». Esto era una declaración que lo describía todo. Yo había sido cambiado totalmente del hombre que era antes.

Dios me llamó a ser un predicador en 1976, y desde entonces, Él me ha usado para enseñarle a la gente, que el ser salvo no es aburrido. Puede ser muy divertido. ¡Yo no creo que uno tiene que ser de repente un fanático religioso cuando uno es salvo, aunque he visto mucha gente que parecen ser así!

El ser salvo, significa que tú estás consciente de la realidad de Dios, Su plan de salvación y la importancia de comunicarse con tú Padre. Cuando fui salvo, el libro de Dios, la Biblia, de repente fue importante para mí. ¡Yo quería saber lo que Dios tenía que decir! Mis ojos fueron abiertos para ver la verdad. Cuando una persona es salva, los oídos de su corazón son abiertos a oír la verdad.

Yo creo que vivir para Dios no es algo duro que tienes que soportar. Yo creo que es un gozo el conocer a Dios. Es divertido levantarse por la mañana y hablar con Dios. Realmente yo nunca estoy solo porque Dios siempre está conmigo. Él siempre está listo para enseñarme de Su Palabra y hablar conmigo—aún me guía en la vida—para que tome las decisiones correctas.

Yo creo que todos pueden hablar con Dios y totalmente esperar que Él se comunique de regreso. Comienza cuando tú decides entregar tu vida a Dios como yo lo hice en 1974. Cuando tú comprendes que Cristo murió en la cruz por tí y le pides a Dios que te salve, es como que si Él pusiera oídos en tu corazón en ese mismo momento para que tú le oigas decir, «Sí, yo te voy a salvar. No quiero que nadie se pierda, sino que todos vengan a mí y tengan vida eterna».

Más adelante en el libro, voy a ir a través de diferentes maneras que Dios nos habla usando ejemplos bíblicos y mis propias experiencias. ¡Me he dado cuenta que Dios usa toda clase de maneras para llegar a nosotros! ¡Él usa la Biblia, visiones, suenos, testimonio interno, los dones del Espíritu Santo—aún Su voz audible—y también un número de maneras extrañas! Pero, antes de todo eso, debo de compartir las bases de conocer a Dios.

Sin realmente conocer a Dios, no puedes escuchar Su voz o puedes estar escuchando Su voz y ni siquiera darte cuenta que Él te está hablando. De cualquier manera, los próximos capítulos te van a ayudar a entender algunas cosas en cuanto a la salvación, Dios, Jesús, y el Espíritu Santo, para que puedas poner un fundamento fuerte para oír su maravillosa voz.

CAPÍTULO 3

Dios Hizo Nuestra Conexión, Simple

La palabra *salvo* es tan extraña para muchos, porque simplemente no entienden de qué realmente ellos son salvos, cuando dan sus vidas a Dios. El infierno es muy caliente y nadie quiere ir ahí, pero también somos salvos de ese sentir horrible de estar separados de Dios, que es lo que más duele en esta vida.

Antes de que Jesús muriera por nuestros pecados, ese pecado hizo una separación entre Dios y la humanidad. La separación del pecado era como una pared gruesa, que evitaba que nosotros llegásemos a nuestro Padre. Cuando nosotros aceptamos a Jesús, esa pared es derrumbada y de repente, ya no estamos separados del Padre nunca más.

Dios nos formó. Nosotros somos Sus hijos y fuimos creados para comunicarnos con Él. En el libro de Génesis, tú puedes leer, como Adán se comunicaba con Dios libremente antes que el pecado entrara en la tierra. ¡Dios literalmente caminaba en el Jardín del Edén, en la frescura del día con el hombre! Después, la pared del pecado bajó y arruinó todo en la tierra.

Hoy, Dios está en el Cielo. Aún así, Él es nuestro Padre y Él no quiere que seamos como huérfanos perdidos, caminando sin conocer quien es nuestro Papá. Todos necesitan un padre en la vida. Es parte del plan familiar de Dios. Ahora, si tú no tuviste un padre con quien estar, o si tú tuviste un padre que estaba ahí, pero deseabas que estuviera lejos porque era terrible, déjame darte unas palabras de paz: tú tienes a un buen Padre en Dios. ¡Él no es un abusador o un perdedor!

Si estamos separados de Dios, estamos solos. Esa separación es lo que le da a la gente ese sentir de un «vacío» en sus vidas. El vacío es simplemente la vida sin Dios; esos es el porqué, una persona puede estar en un cuarto lleno de gente, o tener una familia del tamaño de Texas y aún así, sentirse solo.

Si tú sientes ese vacío, tú necesitas a Dios para que lo quite. Tú haces eso, al simplemente aceptar que tú lo necesitas en tu vida, creer en Su plan de salvación a través de Jesucristo, y poner tu vida en Sus manos. Puede ser tan simple como decir, «Yo me doy a mí mismo a Tí». Eso fue lo que yo hice. Recuerda, Dios no está esperando a que tú hagas una oración hermosa. La oración más hermosa que tú puedes hacer, es aquella que haces sinceramente de tu corazón,

La Gente lo Hace Difícil, Dios lo Hace Simple

En libro de Romanos del Nuevo Testamento, hay algunos pasajes que te dicen cómo ser salvo. Debes de buscar esos versículos en tu Biblia, si tú no lo has hecho antes, para que veas como la Biblias lo dice.

> *«Que, si confesares con tu boca que Jesús es el Señor, y creyeres en tu corazón que Dios le levantó de los muertos, serás salvo.*
>
> *Porque con el corazón se cree para justicia, pero con la boca se confiesa para salvación.*
>
> *Pues la Escritura dice: 'Todo aquel que en él creyere, no será avergonzado. Porque no hay diferencia entre judío y griego, pues el mismo que es Señor de todos, es rico para con todos los que le invocan; porque todo aquel que invocare el nombre del Señor, será salvo'».*

Romanos 10:9-13

En otras palabras, solo toma el decirlo con tu boca, que necesitas a Dios y creer en tu corazón para recibir la salvación. No importa qué nacionalidad, género o raza tú eres porque el mismo Señor es sobre todos. Cualquiera le puede pedir a Dios que venga a su vida, y va a ser salvos de acuerdo a las escrituras.

La salvación es tan simple. ¡Yo no se por qué la gente lo hace tan difícil! Algunas veces la gente te quiere poner todo tipo de rituales, pero no es necesario. Todo lo que toma para ser salvo es un corazón sincero, fe y aceptación del plan de salvación de Dios a través de Jesús. Eso es todo.

La gente va a tratar de hacerlo difícil, pero Dios no quiere dejar a nadie fuera del Cielo. El Cielo no es un club exclusivo. Él nos ama a todos nosotros, incluyéndote a tí, y quiere tener parte en nuestras vidas. Él quiere que vivamos con Él, como nuestro Padre durante nuestra vida para que tengamos guianza, paz, gozo y amor. Y después que muramos, Él nos quiere llevar a un lugar especial que creó para nosotros.

Todo lo que tenemos que hacer es entregar nuestras vidas a Dios, y Él va a venir a nuestros corazones y salvarnos. Algunas personas les gusta orar una oración específica porque les ayuda a guiarles mientras oran. Yo puse una oración al final del libro en caso la quieres usar. Quizá te va a ayudar o ayudar a guiar a alguien más, a una vida nueva en Cristo. Te va a ayudar a nacer de nuevo, como lo fui yo.

El término *nacido de nuevo* asusta algunas personas, pero no es un término nuevo. Es tan viejo como el Nuevo Testamento en la Biblia. De hecho, Jesús lo hizo popular cuando Él estaba hablando con Nicodemo. Este hombre era un líder de los judíos, y tú puedes leer toda la historia por tí mismo en el capítulo tres de Juan.

Nicodemo tenía miedo que la gente se enterase de que estaba hablando con Jesús, por lo tanto él vino a ver a Jesús de noche para que nadie lo viera. Esta es la conversación con Jesús:

«…Rabí, sabemos que has venido de Dios como maestro; porque nadie puede hacer estas señales que tú haces, si no está Dios con él.

Respondió Jesús y le dijo: 'De cierto, de cierto te digo, que el que no naciere de nuevo, no puede ver el reino de Dios'».

Juan 3:2,3

Jesús le dijo a Nicodemo, cómo asegurarse para ver el Reino de Dios, diciéndole que tenía que nacer de nuevo. Esta es la razón por qué los cristianos usan ese término.

Nicodemo no tenía una clave de lo que Jesús estaba hablando. Él dijo y voy a parafrasear, «¿Qué, tengo que entrar al vientre de mi madre o algo por el estilo?»

«Respondió Jesús: De cierto, de cierto te digo, que el que no naciere de agua y del Espíritu, no puede entrar en el reino de Dios.

Lo que es nacido de la carne, carne es; y lo que es nacido del Espíritu, [a] espíritu es. No te maravilles de que te dije: Os es necesario nacer de nuevo».

Juan 3:5-7

Después continuó hablando acerca del misterio de la salvación, comparándolo al viento. Oímos el sonido del viento, pero, realmente no podemos decir de donde viene o para donde va. Jesús dice eso acerca de los que son nacidos del Espíritu. (v.-8). En otras palabras,

Dios es un Dios grande y Sus maneras son misteriosas, pero la verdad del asunto es, que tienes que nacer espiritualmente para que experimentes el reino de Dios.

> «*Respondió Nicodemo y le dijo: ¿Cómo puede hacerse esto? Respondió Jesús y le dijo: ¿Eres tú maestro de Israel, y no sabes esto?*»

> *Juan 3:9,10*

En otras palabras, Jesús estaba diciendo, «¡Tú eres un líder sobre los judíos! «¿Por qué tú no sabes estas cosas?"

Jesús continúa diciendo,

> «*De cierto, de cierto te digo, que lo que sabemos hablamos, y lo que hemos visto, testificamos; y no recibís nuestro testimonio. Si os he dicho cosas terrenales, y no creéis, ¿cómo creeréis si os dijere las celestiales?*

> *Nadie subió al cielo, sino el que descendió del cielo; el Hijo del Hombre, que está en el cielo. Y como Moisés levantó la serpiente en el desierto, así es necesario que el Hijo del Hombre sea levantado*».

> Juan 3:11-14

Aquí es donde Jesús le está diciendo a Nicodemo acerca de la cruz. Él dice, este es mi parafraseo, «Así como Moisés levantó la serpiente ante el pueblo, así yo, el Hijo del Hombre, voy a ser levantado en la cruz." Después Jesús le dice qué es lo que va tomar lugar cuando la gente vean o oigan acerca de Él ser levantado en esa cruz:

> «*Para que todo aquel que en él cree, no se pierda, mas tenga vida eterna. Porque de tal manera amó Dios al mundo, que ha dado a su Hijo unigénito, para que todo aquel que en él cree, no se pierda, mas tenga vida eterna*».

> Juan 3:15,16

Este es el mensaje de salvación. ¡Es el mensaje de Jesús, no el mío! Jesús continúa diciendo en el verso 17,

*«Porque no envió Dios a su Hijo al mundo para condenar
al mundo, sino para que el mundo sea salvo por él».*

Juan 3:17

En otras palabras, Dios no mandó a Jesús para que todos nosotros
nos sintamos como pedazos viejos, gastados, sucios de la basura.
¡Él mandó a Su único Hijo para dejarnos saber que nos ama! ¡Él no
mandó a Jesús para condenarnos! ¡Él mandó a Jesús para salvarnos!
Jesús continúa diciendo:

*«El que en él cree, no es condenado; pero el que no cree,
ya ha sido condenado, porque no ha creído en el nombre del
unigénito Hijo de Dios».*

Juan 3:18

Esta fue la explicación de Jesús acerca de la diferencia de
creyentes y no creyentes. Él dijo que la gente que cree en Su sacrificio
en la cruz, no son condenados por esa razón. Ellos son salvos por su
fe. Pero, aquellos que no creen ya están condenados, por escoger el no
creer, que Él es realmente el Hijo de Dios.

Algunas gentes creen que ellos pueden deslizarse a través de la
vida sin escoger lados. Pero esta escritura está diciendo, "Mira, tú ya
estás condenado al menos escojas creer en el Hijo de Dios." Hasta que
una persona escoja a Jesús, está viviendo una vida condenada. Esto es
porque hasta que nosotros escogemos a Jesús, nosotros permanecemos
separados de Dios; pero, es tan simple el escoger a Jesús. ¡Yo no se
por qué no todos lo hacen! Pero algunos no lo hacen y eso es lo que
Jesús continúa hablando después.

*«Y esta es la condenación: que la luz vino al mundo, y
los hombres amaron más las tinieblas que la luz, porque sus
obras eran malas.*

*Porque todo aquel que hace lo malo, aborrece la luz y no
viene a la luz, para que sus obras no sean reprendidas».*

Juan 3:19-20

En otras palabras, la razón por qué algunas gentes no vienen a
Jesús, es porque a ellos les gusta hacer cosas malas y no quieren a

nadie que les diga que paren de hacerlo. Lo interesante es, que cuando una persona le entrega su vida a Dios, su corazón cambia y ya no quieren hacer cosas malas. Los deseos de su corazón cambian,

Jesús continúa diciendo,

> *«Mas el que practica la verdad viene a la luz, para que sea manifiesto que sus obras son hechas en Dios».*

Juan 3:21

Cuando individuos están viviendo en la verdad, quieren que sus obras sean vistas porque ellos saben que cada una de esas obras, es una reflexión de la mano de Dios en sus vidas. Después que la gente es salva y empiezan a vivir la vida cristiana, quieren compartir su gozo y conocimiento con los demás.

Empezando de Nuevo

El Término *nacido de nuevo* que Jesús usó cuando hablaba con Nicodemo, es que una vez que la gente acepta que Dios los ama y que Él mandó a Su Hijo para quitarles sus pecados, su vieja vida termina y se les permite empezar de nuevo, o sea, ser nacido de nuevo.

En el primer nacimiento, es una manifestación física de nueva vida. El segundo nacimiento, o nuevo nacimiento, es una manifestación espiritual de nueva vida. Somos hechos nuevos otra vez, porque nuestro corazón ya sido cambiado, nuestros ojos han sido abiertos, y somos habilitados a oír la voz de nuestro Padre, Dios.

Segunda de Corintios 5:17 dice esto: *«De modo que, si alguno está en Cristo, nueva criatura es; las cosas viejas pasaron; he aquí todas son hechas nuevas».* Tú te puedes memorizar esto si todavía no lo sabes. Eso te va a ayudar.

En cuanto a salvación, yo siempre digo, «Si no te gusta la forma que naciste, trata de nuevo». Jesús es la forma de Dios para darte un comienzo limpio. ¿Y quien no necesita eso? Nadie es perfecto. Tú serías Jesús si fueras perfecto, ¡y solo hay un Jesús! La Biblia dice que Él iba a ser llamado «Emmanuel». ¿Sabes lo que significa *Emmanuel*? Quiere decir «Dios con nosotros». ¿No es eso grandioso?

Dios estaba tan interesado en estar alrededor nuestro, que Él escogió venir a la tierra como hombre—un hombre llamado Jesucristo.

CAPÍTULO 4

Emmanuel, Dios Con Nosotros

María era una jovencita comprometida a un muchacho llamado José, y ella era una virgen. Los estudiadores bíblicos ponen a María a quince años de edad. Antes que ella se casase o tuviera una relación sexual con José, «...*se halló que había concebido del Espíritu Santo*» (Mateo 1:18). Por lo tanto, sabemos quién era el papá de Jesús—no era José.

Ahora, si tú estás comprometido y tu novia te dice que está embarazada y tú no tuviste nada que ver, ¿cómo reaccionarías? Probablemente, no como José. «*José su marido, como era justo, y no quería infamarla, quiso dejarla secretamente*» (Mateo 1:19).

Ahora, José era un buen muchacho. Si yo hubiera sido José y mi novia viene a mí y me dice, «Amor, estoy embarazada, pero no es lo que tú piensas, querido. Es una inmaculada concepción». Yo no creo que le hubiera creído. Quiero decir, ¡que nací de noche, pero no anoche! «...quiso dejarla», de verdad—¡eso se llama separación! Como la mayoría, hubiera roto el compromiso y la hubiera dejado ir por su camino.

José no hizo eso. Pero la Biblia dice que por la noche, José estaba pensando eso. ¡Pues claro! ¡Yo también lo hubiera hecho! Él probablemente estaba pensando, *¡Hombre, yo se que ella quiere que yo crea eso, pero tengo que pensarlo un poco más!* Dios se enteró lo que José estaba pensando y mandó un ángel para que le hablara en un sueño—esta es una forma que Dios le habla a la gente.

Claro, Dios sabía que le tenía que decir algo al muchacho, porque era inconcebible que una mujer resultara embarazada sin la ayuda del esperma de un hombre. ¡Tú tienes que tener eso si quieres un bebé! Ahora, así es como la Biblia cuenta esta historia:

> *«Y pensando él en esto, he aquí un ángel del Señor le apareció en sueños y le dijo: 'José, hijo de David, no temas recibir a María tu mujer, porque lo que en ella es engendrado, del Espíritu Santo es.*
>
> *Y dará a luz un hijo, y llamarás su nombre JESÚS, porque él salvará a su pueblo de sus pecados'.*
>
> *Todo esto aconteció para que se cumpliese lo dicho por el Señor por medio del profeta, cuando dijo:*
>
> *He aquí, una virgen concebirá y dará a luz un hijo,*
>
> *Y llamarás su nombre Emanuel, que traducido es: Dios con nosotros.*
>
> *Y despertando José del sueño, hizo como el ángel del Señor le había mandado, y recibió a su mujer.*
>
> *Pero no la conoció hasta que dio a luz a su hijo primogénito; y le puso por nombre JESÚS».*
>
> Mateo 1:20-25

Nota esto, ante los ojos de Dios, María era la esposa de José porque ellos estaban comprometidos el uno con el otro, y de acuerdo a la costumbre judía, una vez comprometidos, era tan serio como el estar casados. Dios lo miraba como una unión que iba a ser, aunque no habían hecho la ceremonia. Esta era una unión ordenada por Dios; Dios planeó esta familia. Él no solamente escogió a María ser la mamá de Jesús, sino que también escogió a José ser el padre de Jesús en la tierra, para cuidar a Su hijo y entrenarlo durante su niñez.

La paternidad es importante para Dios. Él no necesitó la esperma de José, pero sí necesitó la influencia paternal de José. Dios escogió a José quien era un hombre honorable que se quedó con María a pesar de que era completamente en contra de toda lógica y razonamiento, el hecho de estar embarazada por el Espíritu Santo de Dios. Por lo tanto, José no solo tenía fe de las palabras de María, pero, también tenía fe en la voz de Dios—que vino a él en la forma de un sueño.

Cuando el ángel dijo, «*porque lo que en ella es engendrado, del Espíritu Santo es*», José no argumentó. Él lo aceptó como un hecho, se levantó, y empezó su papel de papá de Jesús. Él tomó alguna responsabilidad, aunque el niño no era de él. ¡Hombre, aquí hay una lección!

La Virginidad de María

El Espíritu Santo de Dios fue el padre biológico de Jesús. Algunas personas están debatiendo esto, aún en nuestros días. los estudiadores de hermenéutica, filosóficos y teólogos están debatiendo la palabra «virgen" en la Biblia. Algunos de ellos dicen, que María no era realmente una virgen. Dicen que la palabra virgen simplemente quiere decir «una soltera joven». Siempre van a ver personas tratando de negar el nacimiento de Jesús, su vida y Su muerte.

Hay muchas jóvenes solteras que tuvieron bebés, pero la conclusión es que María tubo un bebé sin la ayuda de un hombre. El aspecto del nacimiento virginal de Jesús, no es solo mencionado una vez y descartado, es repetido una y otra vez. Fuimos advertidos de que iba a suceder en Isaías 7:14 en el Viejo Testamento, «*Por tanto, el Señor mismo os dará señal: He aquí que la virgen concebirá, y dará a luz un hijo, y llamará su nombre Emanuel*».

Y así sucedió en Mateo 1:23, «*He aquí, una virgen concebirá y dará a luz un hijo, y llamarás su nombre JESÚS, porque él salvará a su pueblo de sus pecados*».

Después la historia es repetida en Lucas acerca de cómo un ángel visitó a María, antes que saliera embarazada y le dijo lo que iba a suceder,

> «*Una virgen desposada con un varón que se llamaba José, de la casa de David; y el nombre de la virgen era María.*
>
> *Y entrando el ángel en donde ella estaba, dijo: ¡Salve, muy favorecida! El Señor es contigo; bendita tú entre las mujeres.*
>
> *Mas ella, cuando le vio, se turbó por sus palabras, y pensaba qué salutación sería esta.*
>
> *Entonces el ángel le dijo: María, no temas, porque has hallado gracia delante de Dios.*
>
> *Y ahora, concebirás en tu vientre, y darás a luz un hijo, y llamarás su nombre JESÚS.*
>
> *Este será grande, y será llamado Hijo del Altísimo; y el Señor Dios le dará el trono de David su padre;*
>
> *y reinará sobre la casa de Jacob para siempre, y su reino no tendrá fin...*»

Lucas 1:27-33

La mejor parte de este pasaje acerca de María, es cómo ella respondió al ángel.

> «*Entonces María dijo al ángel: ¿Cómo será esto?* **pues no conozco varón.**
>
> *Respondiendo el ángel, le dijo: El Espíritu Santo vendrá sobre ti, y el poder del Altísimo te cubrirá con su sombra; por lo cual también el Santo Ser que nacerá, será llamado Hijo de Dios.*

Y he aquí tu parienta Elisabet, ella también ha concebido hijo en su vejez; y este es el sexto mes para ella, la que llamaban estéril; porque nada hay imposible para Dios.

Entonces María dijo: He aquí la sierva del Señor; **hágase conmigo conforme a tu palabra.** *Y el ángel se fue de su presencia».*

Lucas 1:34-38

¡No dejes que alguien te diga que María no era una virgen! Está tan claro momo el día, no importa que palabra ellos estén estudiando ahora. Las escrituras nos hablan de este nacimiento milagroso.

Si solo se tratara de una joven que salió embarazada antes del matrimonio, ¿tú crees que todavía estaríamos hablando de ello en el presente? No. La vida de Jesús empezó como un milagro. Después Él vivió una vida milagrosa—libre de pecado de acuerdo a Hebreos 4:15. Él hizo milagros que están descritos a través de los Evangelios y el Nuevo Testamento. Y a través de Su muerte, podemos obtener el milagro de la salvación.

Dios No Está en Contra de Nosotros

Emanuel no quiere decir «Dios en contra de nosotros».

No quiere decir «Dios está tratando de herirnos».

Tampoco quiere decir «Dios con nosotros algunas veces, talvez si Él se siente hacerlo».

No, Emanuel quiere decir «¡Dios con nosotros!»

Para algunas personas, al escuchar que Jesús nació es, solamente una historia de Navidad. Pero sucedió. Y el mensaje de «Dios con nosotros» es el tema central del cristianismo. Para las Navidades, la gente lee la historia del ángel que habló a los pastores cuando Jesús nació.

«Pero el ángel les dijo: No temáis; porque he aquí os doy nuevas de gran gozo, que será para todo el pueblo: que os ha nacido hoy, en la ciudad de David, un Salvador, que es CRISTO el Señor.

Esto os servirá de señal: Hallaréis al niño envuelto en pañales, acostado en un pesebre.

Y repentinamente apareció con el ángel una multitud de las huestes celestiales, que alababan a Dios, y decían:

¡Gloria a Dios en las alturas, y en la tierra paz, buena voluntad para con los hombres!»

Lucas 2:10-14

En ese día, los ángeles estaban alabando a Dios porque algo nuevo había sucedido. Había un gozo de verdad, siendo esparcido por todo el cielo en ese día. La Biblia le llama, *¡paz, buena voluntad para con los hombres!*

¿Donde Está el Gozo Con Un Jesús Ausente?

No es de gozo para tí o para mí el solo saber que Jesús vino. Yo estoy contento de que haya venido, pero, ¿qué acerca de la generación que vino despúes del tiempo de Jesús? Si Él no está aquí para nosotros ahora, ¿cómo puede el hecho de que vino una vez, nos puede ayudar en la realidad de nuestro diario vivir?

Hasta donde yo puedo recordar, la iglesia ha estado predicando lo que yo llamo, «el Jesús ausente». Ellos se enfocan en el hecho de que vino. Ellos se enfocan en el hecho de que murió en la cruz y se levantó de nuevo. Pero lo que yo quería saber, era cómo las Buenas Nuevas podían afectarme en mi diario vivir.

Si tú eres curioso como yo lo era, aquí están las Buenas Nuevas: Él ha hecho el camino para que conozcamos a Dios, le hablemos y en realidad, esperar a que nos hable de regreso. La salvación a través de Jesucristo abrió los canales para hablar. Él abre las líneas de comunicación para que podamos hablarle a Dios y Él nos hable de vuelta.

Dios nos habla de muchas maneras. Una vez que yo nací de nuevo, empecé a investigar y me encontré varias y diferentes maneras que Dios habla a Su pueblo. ¡Ahora, sea que nosotros estemos escuchando es totalmente otro tema!

Te has preguntado ¿como sería si tu dijeras, «Jesús», y Él contestara, «¿sí?» Cuando yo era un chico si eso hubiera pasado, yo hubiera gritado, «¡Él dijo algo!»

Eso es lo que quiere decir «Dios con nosotros». «Dios lejos de nosotros» significaría que Dios nunca habla de vuelta. Pero eso no es verdad. Los apóstoles nunca hubieran ganado hombres para Dios si ellos hubieran predicado a un Jesús ausente. Aún así, a través de mi crecimiento religioso, servía a un Jesús ausente. Todo lo que yo quería, era un Dios que yo le pudiera hablar. Pero nadie me dejaba.

Si tú les hubieras dicho, «estoy esperando por una respuesta», ellos hubieran contestado, «¡mira muchacho, no seas estúpido!»

El gran secreto del gozo del cristianismo descansa en el hecho de que nosotros creemos en un Jesús presente, no un Jesús ausente. Nosotros creemos en un Dios que está con nosotros, no que está lejos de nosotros. Cuando tú naces de nuevo, tú lees la Biblia y reconoces lo que Él dijo. Tú oras y te acostumbras a hablar con Él. Si tú escuchas, vas a oír Su voz en tu corazón hablarte de vuelta.

Hoy, cuando yo digo, «Jesús», Él responde, «Jesse».

Si tú no te puedes imaginar que Dios puede hablarte así, Él no lo hará. Tienes que creer primero, porque así es como todo funciona con Dios. Primero tú crees, entonces tú recibes. Así es como tú eres salvo, y así es como trabaja cuando tú le hablas a Dios también.

Si Él Puede Hablarme, Él Va a Hablarte a Ti

El Dios que yo sirvo es accesible. Yo se que Él está conmigo y está al lado mío mientras atravieso la vida. Cuando todo está viniendo en contra de mí, yo se que Dios todavía está conmigo y no me tengo que preocupar o apurarme por nada. Mi Dios me oye cuando yo oro.

Yo contesto, «¡yo se que, si Él me puede hablar a mí, Él te va a hablar a tí! Él no hace excepción de personas». Romanos 2:11 dice, *«Porque no hay acepción de personas para con Dios»*.

Y hay muchas escrituras que reiteran esto, como 2 de Crónicas 19:7, Hechos 10:34, Efesios 6:9, Colosenses 3:24-25, y Santiago 2:1. Dios es imparcial y un Padre justo, y a Él le gustaría que tú oyeres Sú voz.

Él no es un Padre ausente.

Él es un Espíritu presente.

CAPÍTULO 5

Dios Es Un Espíritu

Una razón por qué la gente tiene dificultad en escuchar la voz de Dios, es porque tratan de comunicarse con Él con su mente o su cuerpo, cuando Dios es un espíritu. La Biblia dice en Juan 4:24, que *«Dios es Espíritu; y los que le adoran, en espíritu y en verdad es necesario que adoren»*. El escuchar la voz de Dios es una de las extras por tener una relación con Dios. El escuchar la voz de Dios sucede cuando tu nuevo espíritu renacido, se comunica con el Espíritu de Dios.

¿Quien es el Espíritu Santo? El Espíritu Santo es una maravillosa faceta de la Santa Trinidad de Dios. Él es quien se movía sobre la faz de las aguas en Génesis y respondió al mandamiento del Padre durante la creación.

Él no es una paloma.

Algunas gentes leen el pasaje en la Biblia donde Juan estaba bautizando a Jesús y el Espíritu Santo descendió sobre Él como una paloma (Juan 1:32) y ellos piensan que un ave realmente descendió ¡sobre la cabeza de Jesús! El Espíritu Santo descendió sobre Él *como* una paloma, pero no dice que fue en actualidad ¡una paloma literalmente parándose sobre Su cabeza!

El Orden Divino de Gobierno

El orden divino de comando comienza con el Padre. El Padre es el «Mero Jefe", encargado, sobre todo. Después sigue Jesús. Él es el unigénito Hijo de Dios y el Mediador entre Dios y el hombre. Después sigue el Espíritu Santo quien fluye por toda la tierra. Para hacerlo fácil de entender, a menudo doy la analogía, explicando la Deidad en relación a la apariencia del cuerpo físico.

Yo digo, «El corazón de Dios es el Padre. El rostro de Dios, es el Hijo Jesús. La voz de Dios es el Espíritu Santo». ¿Qué es lo que somos nosotros? Nosotros somos las manos de Dios. Cada uno, somos las manos de Dios sobre la tierra. Depende de nosotros el cumplir el plan de Dios en la tierra, el amar la gente como nosotros queremos que seamos tratados.

Todo comienza con el Padre, porque Él es el primero en la Trinidad. Después, la segunda persona de la Trinidad es el Hijo. La tercera persona de la Trinidad es el Espíritu Santo, quien tiene muchos nombres. Ellos son llamados Dios, porque todos ellos son partes de la expresión de Dios. El Padre es una parte de Dios, el Hijo es una parte de Dios y el Espíritu Santo es una parte de Dios. Juntos, nosotros les llamamos «Deidad» o simplemente la Santa Trinidad («tri» quiere decir tres) de Dios.

Dios es Uno. Él no es muchos dioses. Él es un Dios con tres expresiones—¡el Padre, y el Hijo, y el Espíritu Santo! Ahora, ¿cómo, Dios puede ser tres y aún así, ¿ser uno? Es un misterio de la Santa Trinidad. Es difícil para nosotros entender realmente en nuestras mentes, como esto sucede porque es un concepto espiritual, pero de acuerdo a la Biblia, estos son en actualidad tres partes de Dios; por eso, esto es algo que tú aceptas por fe.

La Trinidad funciona bajo el orden de comando en cuanto se refiere a escuchar la voz de Dios. Los mensajes nacen del corazón de

Dios y después se las dice al Hijo. El Hijo se lo dice al Espíritu Santo quien lo comunica a tu espíritu. Como venga ese mensaje, debemos darnos cuenta que empieza del ¡corazón del Padre!

La Manera Que Dios Trabaja

Te tienes que dar cuenta, que el Padre y el Hijo no son los que están en la tierra. A pesar de que la Trinidad están unidos, estos dos miembros no son los que están activamente en la tierra. Ellos están juntos sentados en el Trono en el Cielo. De acuerdo a Hebreos 12:2, Jesús está sentado a la diestra, «*Puestos los ojos en Jesús, el autor y consumador de la fe, el cual por el gozo puesto delante de él sufrió la cruz, menospreciando el oprobio, y **se sentó a la diestra del trono de Dios***».

Aunque Dios el Padre, Dios el Hijo, y Dios es Espíritu Santo están unidos y trabajan juntos como una unidad, es el Espíritu Santo quien está activamente trabajando sobre la tierra hoy en día. El Espíritu Santo hace bastante en la tierra. ¡Yo no puedo empezar a describir todo lo que hace! Pero, una cosa te voy a decir, algunas de las cosas principales que ha hecho y continúa haciendo.

El Espíritu Santo actuó bajo el mandato de Dios durante la creación. Él inspiró las Escrituras que tenemos hoy en día. La gente del Antiguo Testamento que buscaban a Dios de corazón, pudo escuchar Su voz a través del Espíritu Santo.

Los hombres del Viejo Testamento profetizaron los planes de Dios en las vidas de la gente y el futuro por medio del Espíritu Santo también. El Espíritu Santo venía y descansaba sobre la gente que buscaba a Dios. Les impartía sabiduría a ellos, los confortaba, los instruía, y generalmente les ayudaba en sus vidas. El Espíritu Santo es la tercera persona de la Trinidad quien ungía a todos los profetas del Antiguo testamento a guiar a Su pueblo.

Isaías y Joel, hablaron del día que el Espíritu Santo iba a ser derramado sobre cada creyente que lo quisiera y Sus dones iban a ser usados entre los creyentes por todos lados. Examina Joel 2:28-32 y Hechos 2:17-21 para que aprendas más sobre eso. Desde el comienzo de los tiempos, ha sido el Espíritu Santo que ha traído convicción a los corazones de la gente cuando ellos estaban haciendo algo malo.

Desde que Jesús fue a la cruz, es el Espíritu Santo Quien viene a vivir dentro de la gente que lo acepta a Él como Salvador y Señor. Este es el milagro del nuevo nacimiento.

Después de la salvación, es el Espíritu Santo Quien da los dones del Espíritu y los frutos del Espíritu para ayudar a la gente a crecer y madurar, y para ayudar a la iglesia como un cuerpo a madurar también.

El sacrificio de Jesús en la cruz, hizo posible para que tú puedas tener al Espíritu Santo literalmente viviendo dentro de tí. Ahora, mientras que es el Espíritu Santo la voz de Dios sobre la tierra y el que convence tu corazón de culpabilidad antes de la salvación, Él no es tu mediador a Dios. ¡Ese es el trabajo de Jesús! Él lo ganó por ir a la cruz a morir por tus pecados.

Por eso llamamos a Jesús el mediador al Padre, y eso es por qué tú oyes a mucha gente orar "en el nombre de Jesús" al final de sus oraciones. Como el mediador a Dios, Jesús es extremadamente importante, porque sin Jesús, no vas a poder oír de Dios por Su mensajero activo, el Espíritu Santo.

¿Qué es la Verdad?

«Jesús le dijo: Yo soy el camino, y la verdad, y la vida; nadie viene al Padre, sino por mí...»

Juan 14:6

Jesús es la verdad. Nadie puede ir a Su Padre Dios justamente, al menos primeramente vayan a través de Él. Otra vez, por eso es que oyes a la gente orar, "en el nombre de Jesús." Es lo correcto de hacer.

Además, Juan 1:14 apunta a Jesús como lleno de la *verdad* cuando dice, *«Y aquel Verbo fue hecho carne, y habitó entre nosotros (y vimos su gloria, gloria como del unigénito del Padre), lleno de gracia y de verdad».*

La Escritura más famosa acerca de la verdad es probablemente esta: *«Y conoceréis la verdad, y la verdad os hará libres»* (Juan 8:32). ¿Cuantas veces tú has oído alguien usar esa Escritura? ¡Aún la gente que no conocen nada acerca de Dios la citan! ¿Por qué? Porque es un hecho. Cuando tú conoces la verdad, tú eres libre de cualquier área que tú apliques la verdad. Tu mente es liberada de la mentira, del error o denegación.

La verdad de la Palabra de Dios te va a liberar de la atadura de tu pasado. Si tú lo permites leyendo las sus enseñanzas y comunicándote con Dios, la verdad de la Palabra de Dios te va a liberar de esas cosas viejas que has estado albergando. Esas cosas que no soltamos del pasado, nos mantienen abajo en la vida. Son estorbo en nuestro camino para ser lo mejor que podemos ser.

Dios quiere que seamos lo mejor que podamos ser. ¡Ese es Su plan para nosotros! Él nos amó lo suficiente para enviar a Jesús, para que le conozcamos y le dejemos guiarnos y ayudarnos en la vida. ¡Esa es la manera que Dios trabaja! Espiritualmente hablando, es la verdad de la obra redentora de Jesús que libra a todos aquellos que lo aceptan, libres de la pared del pecado que estuvo entre ellos y Dios.

Ahora, mucha gente en el presente, trata de argumentar que Jesús no es el único mediador a Dios. Ellos podrán decir, «Hay muchos caminos a Dios». Pero, de acuerdo a las enseñanzas de la Biblia, Jesús es el único mediador entre Dios y el hombre. Es el libre albedrío de cada uno de nosotros a creer o no creer.

Yo creo que, aunque hallan habido muchos grandes maestros morales en la historia, Jesús fue el único Hijo de Dios. Él es el único Redentor del hombre. Tú no le puedes visitar en alguna tumba en algún lugar porque Él se levantó de los muertos. Sú cuerpo no está enterrado en la tierra. Él fue Dios, que caminó en la carne abriendo el camino para que tú y yo podamos hablarle a Dios. El sacrificio de Sú sangre es lo único que Dios va a aceptar.

Cuando nosotros aceptamos a Jesús, Dios nos acepta a nosotros. Cuando nosotros aceptamos a Jesús, el Espíritu Santo viene a morar en nosotros

Ese es el plan de Dios. Así es como ganamos acceso a Él, tomamos Su Espíritu dentro de nosotros, y de pronto, tenemos la habilidad de oír Su voz.

Tú No Puedes Poner a Dios En Un Cajón

Mientras que este es el orden de gobierno de Dios, tú no puedes poner a Dios en un cajón y decir que Dios solo trabaja de esta forma. Él podrá seguir el orden de mando, la mayor parte del tiempo, pero algunas veces, Él muestra Su soberanía y hace algo diferente. Soberanía, básicamente quiere decir que Dios es Dios y Él puede hacer lo que él quiere hacer.

Algunas veces la gente usa esto como una excusa por las situaciones que ellos no entienden, pero yo creo que Dios obedece su propia Palabra todo el tiempo.

Él no es un mentiroso. Él dijo en Salmos 89:34, «*No olvidaré mi pacto, ni mudaré lo que ha salido de mis labios*». En otras palabras, «yo no estoy rompiendo mís promesas y no estoy cambiando lo que digo. Tú puedes contar conmigo».

Si tú crees que Dios no guarda Su palabra, entonces la doctrina que dice, «Tú sabes como Dios es, algunas veces lo hace y algunas veces no....» podrá tener sentido para tí. Pero, si tú crees como yo creo, que Dios es un Dios correcto y justo, entonces esa doctrina «algunas veces lo hace» cae al suelo en pedazos aún con la más pequeña cantidad de escrituras. ¡Hay un libro llamado la Biblia, que da testimonio de la fidelidad de la Palabra de Dios!

La verdad es que la soberanía de Dios tiene poder ilimitado. Aún así ha escogido limitarse a sí mismo de hacer y no hacer en lo que se refiere a la humanidad. Él lo describió en Su Palabra. Y eso lo hace a Él soberano, fuera de lo que Él ha dicho en Su Palabra.

¿Puede hacer Dios cualquier cosa? Sí. ¿Va a hacer Dios cualquier cosa? No. Dios ya ha dicho lo que Él va a hacer en muchas situaciones. Él ya describió el plan muy claro. Él se ha amarrado con Sus propia Palabra y eso, lo hace a Él digno de confianza.

Nosotros sabemos que Él no puede mentir, por lo que dice en Tito 1:2, y nosotros sabemos que el padre de toda mentira es el diablo, por lo que dice en Juan 8:44. Aún así la gente habla de Dios como que si Él rompiera Sus promesas por capricho. Esto no es verdad. Dios es un guardador de promesas y no uno que rompe Sus promesas. Si la

Biblia dice que Dios dijo algo, tú lo puedes estar seguro que Él está en serio y no se va ir hacia atrás de lo que Él ha dicho.

Dios va a cumplirlo hasta el final. Nosotros somos los que no cumplimos, y después tenemos problemas y le echamos la culpa a la soberanía de Dios. Talvez nos falta sabiduría en ciertas áreas y porque no sabemos, concluimos que la culpa es de Dios. Él no se va a desviar de Su Palabra.

Pero, sí algo no está en Su Palabra, bueno, ¡esa es otra historia! Dios es un Ser soberano y Él puede hacer lo que quiera en cualquier situación que está fuera del margen de Su Palabra.

¿Qué es un Acto Soberano de Dios?

El ejemplo perfecto de un acto soberano de Dios, es la historia de Saulo de Tarso en camino a Damasco. Este incidente no tiene nada que ver con lo establecido por Su Palabra. Dios decidió hacer algo para llamar la atención de Saulo. Puedes leer el capítulo 9 de Hechos, si quieres conocer la historia completa.

Básicamente lo que pasó es esto: Saulo decide que va a ir matar algunos cristianos. La Biblia dice que Pablo estaba tan enojado que, «*...respirando aún amenazas y muerte contra los discípulos del Señor*»" (Hechos 9:1). Este hombre está enojado y está buscando hacerle daño a alguien. Dios decide intervenir, lo vota de su caballo, pone una luz alrededor de él y comienza a hablarle audiblemente.

Lo voy a parafrasear, «¿Por qué me persigues Saulo? Saulo es sorprendido y pregunta, «¿Quien eres Señor?»

«¡Yo soy Jesús, al que tú estás persiguiendo!»

«Muy bien Señor, ¿que quieres que haga?»

Dios le dice que fuera a la ciudad y ahí se le iba a decir qué hacer. Ahí comenzó la vida de Saulo que se convirtió en Pablo, quien pronto se iba a convertir en un Apóstol del Señor Jesucristo--quien se convirtió en el predicador de los Gentiles.

Ahora, esa situación fue un acto soberano de Dios. Esto es Dios haciendo algo fuera de lo que había dicho en Su Palabra—no dentro. La Biblia nunca prometió que Él va a brillar una luz a cada uno de nosotros mientras vamos viajamos por un camino y decirnos que ¡dejemos de hacer lo que estamos haciendo! Dios no vota ala gente que van en un caballo enojados persiguiendo a los cristianos. No, este fue un incidente especial donde Dios actuó soberanamente, fuera de Su Palabra e hizo lo que Él quería hacer.

Tal vez has escuchado historias de gente que han sido salvas supernaturalmente de accidentes y a menudo pasa, porque Dios actúa soberanamente fuera de Su Palabra. "¿Por qué lo hace? Yo no se por qué, pero yo creo que vamos a encontrar Sus razones cuando lleguemos al Cielo.

Yo tuve una experiencia soberana en mi, cuando vi a Dios con mis propios ojos y lo oí con mis propios oídos. Yo fui salvo en 1974. Desde ese tiempo empecé a leer la Biblia bastante, y si hay una cosa que noté, fue que Dios se mostró a la gente en la Biblia. Él les hablaba fuertemente.

CAPÍTULO 6

«¿Dios, Porqué No Me Puedes Hablar?»

Una vez que fuí salvo, empecé a preguntarme, «¿Por qué Dios no me puede hablar a mí de la misma manera que les habló a todos esos hombres en la Biblia? ¿Por qué no puedo escuchar su fuerte voz?».

Los primeros dos años, era una preocupación grande para mi. Estaba en mi mente todas las veces que leía las escrituras donde Dios le hablaba a alguien. Ya Dios se estaba manifestando en mi espíritu, en esa voz suave y apacible. Pero, yo estaba interesado en oírle con mis oídos audiblemente. Por dos años, realmente eso era mi búsqueda.

Los Primeros Años

Durante los primeros pocos años cuando nací de nuevo, no era un predicador. Algunas personas piensan que cuando tú eres salvo, Dios te tira al ministerio. Dios no tira a bebés en el campo ministerial.

Los pastores, profetas, maestros, predicadores, y evangelistas, son la rama ejecutiva de Dios. Él los entrena en Su Palabra y les ayuda a ser sabios antes que los mande a enseñar a Sus hijos.

Durante esos primeros años, tenía un trabajo regular. Cuando Dios me salvó de una vida de alcohol y drogas. Él me quitó el deseo de tocar música en los bares y clubes. No fue mucho tiempo después que tuve que dejar la industria musical. Decidí regresar a casa al Sur de Luisiana, para que mi hija Jodi, pudiera conocer al resto de la familia.

Jodi había pasado los primeros cuatro años, en cuartos de hoteles por todo los Estados Unidos con Cathy, durmiendo durante el día y despiertas durante la noche. ¡Jodi manejaba su tricíclica por los pasillos a las dos de la mañana! Ella estaba en el horario de un rocanrolero típico, y no podía estar alrededor de otros niños, al menos que se encontrara alguno por casualidad, en una tienda de música o la lavandería. ¡Esos eran sus lugares favoritos! Los cumpleaños de esta niña estaban llenos de hippies y miembros de bandas de rock-n-roll. Tomábamos whisky escocés mientras ella tomaba ponche de frutas, y todos teníamos un buen tiempo comiendo el pastel de cumpleaños. Pero, yo quería que ella tuviera una vida más normal. Por eso nos movimos al Sur de Luisiana, y de repente, tenía que buscar un trabajo.

Ahora, yo había crecido tocando música. Eso era lo que podía hacer bien y me sentía muy seguro de ello. Después que dejé la industria, yo no sabía que otra cosa podría yo hacer. Pero, yo sabía que Dios había hecho un trabajo poderoso en mi vida y que Él me había dado una oportunidad para una vida nueva, y por eso, estaba eternamente agradecido. A pesar que no sabía realmente que hacer, estaba confiando que Dios me iba a ayudar a empezar de nuevo.

Cuando regresé a Luisiana, empecé a buscar trabajo. ¡Ya no iba a regresar a los clubs de ninguna manera! Mucha gente cuestionó mi decisión de dejar la música donde yo hice mucho dinero. Aún mi propio papá me dijo que estaba loco por dejar el negocio de la música.

Pero, para mí era acerca de principios. Algunas veces puede ser duro por el orgullo del hombre tomar un trabajo que antes menospreciaba, por mantenerse firme en sus principios. Pero sentí que era más duro para la mente a comprometer lo que tu sabes que es correcto, por el dinero.

Yo decidí que la única cosa tenía que hacer, era poner mi fe en Él. Por lo tanto, oré a Jesús para que me ayudara a encontrar un trabajo, cualquier cosa para mantener mi familia, yo continuaría compartiendo mi testimonio y ser un buen ejemplo de una vida convertida por la mano de Dios.

Inmediatamente después de esa oración, encontré trabajo con una compañía de camiones. Mi trabajo era de vender tubería para las compañías que drenaban petróleo. El trabajo no pagaba ni cerca de lo que hacía tocando música, y era completamente diferente que cualquier cosa que haya hecho antes. Pero, estaba emocionado de estar en la voluntad de Dios, que rápidamente acepté el reto e hice mi trabajo con buen corazón.

Trabajé duro para esa compañía, diezmé a mi iglesia, y Dios me honró. Él me dio favor con mis jefes, y porque a ellos les gustaba mi trabajo y notaban que yo tenía una actitud de "hacer lo que tome para hacerlo", ellos escogieron promoverme.

Mientras tanto, tenía suficiente dinero para soportar mi familia y gozarme con ellos, y al mismo tiempo estaba usando mi talento musical para Él, dirigiendo el coro de la iglesia, y hombre, ¡ese era un coro que sonaba muy bien! Estoy compartiendo esto para mostrarte que cuando tú le das tu vida a Dios y eres fiel a Él, Él te va a cuidar, aunque tú no sepas que hacer con tu propia vida.

Después, Dios abrió otra puerta. Él me dio una gran oportunidad de trabajar para una de las compañías de petróleo que yo les estaba vendiendo tubería; la Compañía de Petróleo Shell, y trabajé varios años con ellos. Me gustaba mucho mi trabajo y mi plan era estar ahí por mucho tiempo. Pero la vida toma toda clase de vueltas y cambios. Un día, Dios me llamó del campo petrolero al ministerio. ¡Sentía que estaba empezando un ciclo de nuevo!

¿Qué es lo que iba a hacer? ¡Yo no sabía como ser un predicador! Yo podía tocar música y cantar. Yo podía vender tuberías, amueblar plataformas de petróleo con tubos para drenar, pero, ¿un predicador? Eso era lo último que quería hacer y la última cosa que yo pensé que podía hacer.

Yo soy un cajún. Mi forma de hablar no es como los demás predicadores. Pensé, *¿Quien va a querer escuchar o respetar a un predicador cajún?* Pero Dios me llamó y yo lo sabía. Yo escuché Su voz que el ministerio era donde yo pertenecía, a pesar de que la mayoría de los predicadores pensaban que yo no era "material para ministerio."

Pero, yo lo sabía y tenía que obedecer la voz de Dios, no importando si yo era el tipo correcto de predicador o no. Aunque nadie recibiera algo de mis predicaciones, tenía que aceptar el llamado. Pero para Dios, no le importaba si yo no era elocuente. A Dios no le importaba si yo no era del tipo de predicador homilético, hermenéutico o filosófico. Para Dios, solo le importaba que yo lo amaba y estaba dispuesto a confiarle mi futuro, y contarle a los demás de Él.

Comparto esto contigo porque quiero que sepas, que Dios va a cuidar de tíi, si tú lo honras con tu vida. Tomó fe para que yo dejara la industria de la música. Tomó fe para que yo dejara la industria del petróleo y saliera a cumplir el llamado al ministerio. ¡El vivir para Jesús toma fe! Siempre toma confianza.

Tarde o temprano, tenemos que confiar en Dios con nuestras vidas, si queremos vivir Su plan para nuestras vidas. Él nos puede guiar y darnos favor, pero tenemos que desear Su ayuda. Tenemos que desear a Dios. Eso quiere decir, saber lo que Su Palabra dice y conocerle como Amigo, tiene que ser importante para nosotros.

Ahora, durante ese tiempo cuando acababa de dejar la industria de la música y estaba trabajando para la compañía de camiones vendiendo tuberías, nada era más importante para mí que conocer más de Dios. Me saturé de las cosas de Dios. Iba a la iglesia todas las veces que las puertas se abrían y absorbía lo que el predicador decía. Pasaba mucho tiempo por las noches leyendo la Biblia, estudiándola yendo a través de las escrituras que aprendía en la iglesia y leyéndola por mí mismo. Conseguí una concordancia y un diccionario bíblico. ¡Estaba en serio de conocer más acerca de Dios!

Escuchaba todas las predicaciones en cinta que podía obtener. Escuchaba mensajes de ministerios de fe. ¡Ellos me motivaban mucho! Escuchaba de la bondad de Dios, Sú gracia y misericordia. También escuchaba lo que quería decir confiar en Dios y tener una fe fuerte en Sú Palabra. Eso estaba en mi área. ¡Yo sabía lo que era confiar en Dios!

En ese punto en mi vida, yo estaba interesado en una cosa solamente—escuchar la voz de Dios y conocer Sú plan para mi vida. Yo quería conocer a Dios en una forma íntima. Yo sabía que Él me amaba, y quería que fuera mi mejor Amigo. Yo pensaba, *Los buenos amigos hablan, ¿verdad? ¡Dios, entonces Tú y yo hablemos!*

Yo leí en la Biblia donde Dios se mostró y audiblemente habló a los hombres del Viejo Testamento como Adán, Noé, y Abraham, y empecé a orar para que Dios me hablara a mí también.

Cuando yo oraba, razonaba con Dios diciendo, "Dios, Tú te mostraste a Adán. Tú te mostraste a Noé y a Abraham también. Tú les hablaste a toda esta gente en mi Biblia y ellos te vieron. ¿Por qué no te puedo verte también? ¿Por qué no puedo oír Tú voz como ellos te oyeron? ¿Por qué no puedes hablarme a mí? ¡Yo te quiero ver, Dios! ¡Yo te quiero ver!»

¡Yo no estaba orando correctamente porque era un bebé cristiano y no tenía mucho sentido común! Pero mi corazón estaba deseando buscar más a Dios. Yo solo quería tocarle, sentirle, y verle con mis propios ojos. Ahora, Dios nunca prometió que Él se iba a mostrar o hablar audiblemente a todos. De hecho, es mejor si simplemente crees sin verle, porque es evidencia de que tu fe está trabajando. Pero, yo estaba muy interesado en esto, de hecho, durante este tiempo en mi vida, ¡estaba muy agresivo en cuanto a esto! ¡Yo era un bebé cristiano que tenía aún los pañales y estaba listo a ver a su Papá!

Yo me di cuenta que si Dios se podía mostrar a sí mismo a gente como Moisés y Abrahán, no había razón por qué Él no podía hacer lo mismo conmigo. Yo tenía fe que Él lo podía hacer, por lo tanto, empecé a realmente buscarlo en mis oraciones y a través de la lectura de mi Biblia en todos los momentos donde Él se mostró y habló directamente con la gente, fuera de esa voz suave y apacible.

Hay muchos eventos sobrenaturales en la Biblia que involucró a Dios hablándole a alguien. ¡Parecía que Dios estaba buscando formas de hablarle a la humanidad! Él quería hablarles a Sus hijos. A cualquiera que realmente le buscara lo iba a encontrar. Él usó toda clase de formas para llegar a Sus hijos. Esos fueron los días en que no había ni siquiera una Biblia.

Yo quería escuchar a Dios tanto que estaba en mi corazón día y noche, Dios sabía que yo lo estaba buscando con todo mi corazón, y un día, mientras Cathy y yo estábamos en un avivamiento, un predicador me llamó que saliera de mi asiento y me dijo que tenía un mensaje de Dios para mi. Esto fue en 1976.

Se Me Concedió Una Visitación

Él me dijo, «Usted señor, venga aquí».

Yo respondí, «¿Yo?» Porque lo primero que uno piensa, cuando alguien te pide que salgas de tu silla y vayas al frente de la iglesia es, *OH Dios, ¿hice algo malo? ¿hice algo malo?* Seguí pensando dentro de mí, *bueno, yo no creo que he hecho algo malo.* Pero no estaba muy seguro.

«Traiga a su esposa con usted también«, el predicador dijo. Cathy se levantó y caminamos juntos al altar.

Cuando llegamos al frente, el predicador dijo esto:

«Yo no se quien es usted señor, pero el Señor me dice que usted le ha estado pidiendo a Dios verle».

¡Cuando el hombre dijo eso, mi antena se levantó! Yo estaba pensando, *¡vamos hombre, dime más de eso!*

Él dijo, «El Señor me dijo que le dijera que Él le va a conceder una visitación».

Me dije a mí mismo, *yo he estado orando por esto por dos años y pensé que Dios no me estaba escuchando lo que le había pedido.*

El predicador continuó, «Él viene a verle. Él va a venir por la noche. Usted vas a estar en cama con su esposa. Ella va a estar durmiendo. Ella no va a escuchar y no va a despertar. Pero el Señor va a venir a verle».

Yo pregunté, «¿Cuándo?».

El hombre dijo, «Pronto».

Yo estaba tan emocionado. Yo fui a casa pensando que iba a ser esa noche. Cathy fue a la cama y yo solo esperé. Yo sabía que el predicador era un hombre de Dios y que Dios me iba a visitar. Por lo tanto, esa noche no dormí. Esperé, esperé toda la noche. Él no llegó. Esto me enojó. El próximo día, hice lo mismo y lo mismo, Él no llegó. Hice esto por tres o cuatro días seguidos. No podía dormir. Solo esperaba a Dios.

Cerca de dos semanas después, ¡Dios no había llegado a mi casa! Estaba irritado y pensé, *¡Ese hombre se equivocó! ¡Dios no me quiere ver!*

Ahora, yo era un bebé cristiano y solo quería hacer algo para Dios, pero no sabía como lograrlo. La gente siempre me decía que hiciera cosas para Dios, pero nunca me dijeron como hacerlo. Me dijeron que fuera salvo. Yo decía, «Muy bien, pero ¿como?» Decían ellos, "¡Se bendecido!" Yo pensaba, *Muy bien, ¿como?* Yo no tenía muchas enseñanzas en ese tiempo en mi vida, y los mensajes prácticos que escuchaba de vez en cuando, eran pocos.

Cerca de dos semanas después del avivamiento, solamente decidí ir a la cama y dormir normalmente y no pensar lo que el predicador me había dicho. Cathy fue a la cama primero, como usualmente lo hacía, mientras que yo me quedé orando un poco más. Esta noche en particular, dos semanas después del avivamiento, yo oré como normalmente lo hacía, le di gracias a Dios y después me dormí.

Nuestro dormitorio era pequeño y rectangular con una puerta que entraba en una de las paredes largas. Si tú caminabas a través de la puerta inmediatamente veías la cama, y encima de la cama había una ventana con cortinas. Yo dormía a la izquierda; Cathy dormía a la derecha. Yo tenía una mesita de noche al lado de la cama con un reloj encima.

Ahora, yo soy de los que duermen de estómago y siempre lo he sido. Usualmente termino durmiendo sobre mis manos escondidas en mi almeada, y cuando despierto siento un hormigueo en mis manos cuando se duermen bajo el peso de mi propia cabeza.

Esa noche me dormí así usualmente, pero en medio de la noche, de repente me desperté—por ninguna aparente razón. Mis brazos estaban debajo de la almeada y mi cabeza estaba enfrente de la pared. Miré el reloj y eran las 3:00a.m. Solo desperté y no pensé mucho al respecto, pero noté que mis brazos no estaban dormidos por estar bajo la almudada tanto tiempo. De repente sentí como un viento soplando sobre mí. No estaba viniendo por el lado de enfrente donde estaba y tampoco por el lado de Cathy, sino estaba soplando por mi espalda de la parte de atrás de la cama.

Al principio, pensé que por el termostato del aire acondicionado que se acababa de prender y estaba soplando por las ventanillas del ducto. Pero de repente, el viento se puso más fuerte. Y despúes mas fuerte. Este viento estaba soplando en mi espalda con una fuerza tal que empezó a atravesar mi cuerpo.

Tan increíble como esto suena, lo que ahora voy a describir, realmente sucedió y nunca antes he sentido algo similar a eso. ¡Este viento comenzó a atravesar mi cuerpo! ¡Salía de mis ojos, debajo de mis uñas y estaba saliendo de los poros de mi piel! Cuando yo digo que estaba soplando *a través* de mí, yo quiero decir que estaba soplando *a través* de mí. ¡Me aterroricé totalmente! Quedé como clavado a la cama con mis ojos puestos en el reloj. ¡No me moví ni un centímetro!

De repente, el viento levantó las cortinas y golpeaban en la pared y se levantaron por encima de las varillas y de repente escuché una voz.

«Tú pediste verme. Date vuelta».

Yo tenía miedo. Estaba nervioso, estaba maravillado. De repente me dí cuenta que Dios era *grande*. Eso puede sonar cómico para tí porque eso es tan obvio, pero tú nunca te das cuenta de la magnitud de Dios hasta que Sú Espíritu está en tu cuarto soplando las cortinas ¡por encima de las varillas de la ventana!

Me quedé ahí mismo, mirando el reloj.

La voz vino de nuevo.

«Pediste verme. Date vuelta».

Ahora, el viento continuaba soplando a través de mi cuerpo, debajo de mis uñas, y saliendo de mis poros. Estaba físicamente despierto como estoy en este momento.

Yo exclamé, «¡Dios!» Y pensé, *No. No. No. Hazte para atrás un poco que me estás dañando.*

El viento me hacía sentir como que mi carne estaba saltando y saliendo de mis huesos. Mi piel se estaba moviendo tan fuerte bajo la fuerza del viento que literalmente sentía dolor. No dolor insoportable pero mi cuerpo ya no soportaba.

Pensé dentro de mi, *¡Si Cathy se voltearía para mirarlo, ella lo haría!* Así es que me moví en contra del viento un poquito y estiré mi codo. ¡No quería sacar la mano de la almohada! Mi rostro estaba todavía en dirección al reloj al final de la mesita. Las cortinas aún estaban saltando en contra de la pared y por encima de las varillas. Pero, empujé mi cuerpo hacia al centro de la cama donde Cathy estaba, y le dí un codazo.

¡La mujer estaba dormida como un muerto! ¡La moví, y lo hice fuertemente! *¡Cathy, despierta! ¡Despierta! ¡Vamos, despierta!* Pensaba dentro de mí mientras le seguía dando codazos.

Y ahí estaba Cathy, ¡bien dormida! ¡Ella hizo un sonido con la boca y siguió durmiendo! Yo pensé, *¡Mujer, Cathy! ¿No sabes que Dios está en el cuarto?*

Por tercera vez la voz vino de nuevo.

«Tú pediste verme. Date vuelta».

«Dios», yo contesté, «Perdóname por ser tan estúpido. Perdóname. Yo oré mal». Yo sabía que no iba a voltearme y verte. Yo sabía que Cathy no iba a despertar y que yo no iba a obedecer de voltearme y verte. Simplemente no lo podía hacer. No se por qué. Ahora, yo se que lo hubiera podido hacer físicamente. Pero pareciera que mi temor me mantenía clavado a la cama. Era tan intenso, y estaba completamente sin aire de tanto darle fuerte con el codo a Cathy tratando de despertarla.

De repente, el viento se apaciguó. Después se paró por completo y el cuarto estaba en silencio. Cuando todo se calmó, me di vuelta y miré.

¡Entonces me enojé conmigo mismo! Con voz alta empecé a hablarme a mi mismo, «¡Estúpido idiota! ¿Que pasa contigo? Tú pediste ver a Dios. ¿¡Y cuando viene a verte, ni siquiera puedes voltearte?!»

Estaba tan agravado conmigo mismo. Miré a Cathy y ella estaba dormida, así es que le dí un codazo de nuevo. ¿Y sabes qué? ¡La mujer se despertó!

Adormitada preguntó, «¿Que es lo que pasa?»

«¡Simplemente te lo perdiste!«

«¿Qué?»

«¡Dios estuvo en este mismo cuarto, pero tú tenías que dormir!« «¡Así es que vuélvete a dormir!«

«¿Como era Su apariencia?» Ella preguntó.

«¡Ah...Ah... ¡No pude voltearme!»

Estaba tan irritado que me levanté. Tenía hambre, así es que fuí al refrigerador y me preparé un sándwich. Fuí a la sala, me senté en el sofá, y comencé a hablar a Dios.

«¡Dios, Tú viniste a verme! ¡Te escuché con mis oídos físicos, y ni siquiera pude voltearme!»

Entonces escuché esa voz suave y apacible en mí espíritu.

«Estoy alegre que no pudiste. Es mejor que no me veas y aún así creas«.

«Pero, es el deseo de mi corazón verte».

«No podrías soportar mi gloria, Tu estás viviendo en una vasija corruptible, un cuerpo que va a morir».

«¿Era por eso que mi cuerpo dolía?»

«Eso era el por qué tu cuerpo te dolía. Tu carne no puede soportar la gloria de quien yo soy»

Después de comerme el sándwich, regresé a la cama de nuevo.
Para decirte la verdad, ¡estaba esperando que Dios regresara y me
diera una nueva oportunidad! Pero no lo hizo.

La siguiente mañana, Cathy me enseñó las marcas en su brazo.
Ella no sabía de donde habían venido. ¡Era el lugar exacto donde yo
la había estado codeando! Le dije acerca de eso y ella me perdonó.
Yo hubiera de haber sabido que ella no iba a despertar, ya que era
lo que el hombre de Dios me había dicho, pero, yo sabía que aún si
ella hubiera pedido ver a Dios, ¡era lo suficiente valiente para mirar!
Tal vez esa es la razón porqué Dios no vino a ver a ella. Le hubiera
arrancado la piel de su cuerpo, y yo tendría hoy, ¡una esposa sin piel!

Esta experiencia fue extraordinaria y yo le conté a mi pastor,
que no sabía que pensar. Él nunca había oído de algo así similar en
el pasado. Por lo tanto, se lo conté a un hombre que era más viejo
que él en el Señor y él me dijo que yo sería un predicador un día. Yo
no quería ser un predicador. Yo solo quería ser un buen cristiano y
sentarme en los bancos y aprender.

Yo era muy joven en el Señor entonces para llegar ser un
predicador en ese entonces de todas maneras, y yo lo sabía. Dios no
envía a bebés cristianos al ministerio quíntuple de pastor, maestro,
profeta, apóstol o evangelista. ¡Esa es Su rama ejecutiva, y Él no lo
hace con bebés!

Yo tenía mucho más lugar para crecer cuando se trataba de las
cosas de Dios, antes que pudiera oír y aceptar el llamado que hoy
tengo. Tenía que llenarme más de la Palabra de Dios en mi mente y
mi corazón. Tenía que crecer en entender y digerir más de lo que la
Palabra dice. Principalmente, tenía que crecer en sabiduría.

Pero, Dios empezó a tratar conmigo en formas especiales como
esta. Y la mayor parte del tiempo, no decía nada a nadie acerca de
esto. ¡No quería que pensaran de mi como una persona loca y rara
caminando por los alrededores!

Yo creo que Dios vino y me visitó por una razón. Él sabía que yo
no iba a voltearme. Pero, Él vino de todas maneras. Él probó una cosa
para mi en ese día. Probó que yo no tenía que verlo con mis ojos para

saber que Él existe. Yo no tenía que oír Su voz con mis propios oídos para saber que Él está vivo.

Yo sabía todo eso en mi corazón, antes que Él viniera a llamarme. Esa noche me probó a mi que mi fe estaba en Dios. Yo no lo dudé que él me visitaría y Él lo hizo.

Mi fe nunca ha venido por mis experiencias. Vino por mi saturación de la Palabra de Dios. Romanos 10:17 dice, «*Así es que la fe es por el oír, y el oír, por la Palabra de Dios*». Yo había desarrollado mi fe por leer y oír la Palabra, meditando en la Palabra, estudiando la Palabra de Dios al extremo de que literalmente creía que Dios, en efecto, me visitaría. Y así lo hizo. Él me honró; Él no lo tenía que hacer, pero lo hizo.

Hoy yo se como la voz audible de Dios es. ¡Es inmensa!

CAPÍTULO 7

El «Siempre Disponible» Espíritu Santo

Dios siempre a tratado de llegar a sus hijos. Si tú lees a través del Viejo Testamento, vas a encontrar algunos métodos interesantes y a menudo extraños, de comunicación entre Dios y Su gente. Algunas veces, Dios escogía a ciertos hombres que le amaban y buscaban hacer lo correcto y les hablaba directamente acerca de las vidas de sus familias y aún a naciones enteras. ¡Él les hablaba a través de sueños, visiones, en voz audible y toda clase de diferentes maneras!

Había profetas mayores en el Antiguo Testamento que oyeron la voz de Dios, una y otra vez. Ellos oían lo que Dios decía y ¡lo escribían! ¡Y hoy tenemos algo de la palabra hablada en papel y en la forma de nuestra Santa Biblia! Esa es una de las razones por la cual llamamos la Biblia la *Palabra* de Dios.

En una ocasión Dios habló a la nación entera de Israel, pero a ellos no les gustó escuchar Sú voz. Los asustó y por lo tanto dijeron, «¡No nos hables! Habla a Moisés, y entonces que Moisés transmita lo que Tú digas». Dios honró su petición y desde entonces habló solo a través de individuos que le buscaban. Solo aquellos que amaban a Dios y eran conforme a Sú corazón eran ungidos a escuchar Sú voz y, o conocer Su plan.

Es interesante estudiar las experiencias de algunos de estos hombres ungidos que claramente oyeron de Dios, como:

José	(Génesis 41:38)
Moisés	(Números 11:17)
Josué	(Números 27:18)
Gedeón	(Jueces 6:34)
Sansón	(Jueces 14:6-19, 15:14,15)
Saúl	(1 Samuel 10:10, 11:6)
David	(1 Samuel 16:13)
Elías	(1 Reyes 18:12; 2 Reyes 2:16)
Eliseo	(2 Reyes 2:15)
Zacarías	(2 Crónicas 24:20)
Ezequiel	(Ezequiel 2:2)
Daniel	(Daniel 4:9)
Miqueas	(Miqueas 3:8)

Todos estos hombres del Viejo Testamento fueron ungidos por el Espíritu Santo para escuchar la voz de Dios. Algunos escucharon acerca del plan para sus vidas. Otros del plan de Dios para las vidas de otros. Pero, Dios no hablaba exclusivamente a los profetas. Él le hablaba a cualquiera que realmente le buscaba y quería conocerle.

Habían muchos que querían conocer *acerca* de Dios, pero no muchos querían *conocerle* a Él. Para aquellos que buscaban a Dios, aún antes que la sangre de Jesús rompiera la pared del pecado, Dios mandaba Su Santo Espíritu sobre la gente y los ungía a escuchar Sú voz.

El Espíritu Santo siempre ha tenido el papel de hablar la voluntad de Dios a Su pueblo. A pesar de que el Espíritu Santo trabajó en la tierra y habló a los hombres que buscaban a Dios, ¡yo creo que Su trabajo más grande realmente, no llegó hasta que Jesús murió y fue al Cielo! Ahora, ahí es cuando las cosas cambiaron para el Espíritu Santo.

Después que Jesús pagó el precio por el pecado del mundo a través de una vida sin pecado y muerte inocente, la barrera que estaba entre Dios y el hombre se vino para abajo y en seguida, ¡el Espíritu Santo empezó un nuevo trabajo! ¡Él ahora podía habitar en aquellos que aceptaban el sacrificio de Jesús y llenarlos con la santa presencia de Dios! Esto suena extraño a la mente natural; pero este es el milagro del «nuevo nacimiento». El Espíritu Santo ahora podía literalmente venir y habitar dentro de cada creyente. Este es la gran obra maravillosa de la cruz.

El tener el Espíritu Santo viviendo dentro de una persona era algo que no se había escuchado antes de que Jesús muriera, resucitara y fuera al Cielo. Pero Él advirtió a Sus discípulos de que esto iba a suceder. ¡Voy a hablar más de esto en el capítulo ocho!

Jesús Amaba a Sús Discípulos

Tienes que entender algo acerca de Jesús. Él de verdad amaba a Sús discípulos. Él los cuidaba tanto que les habló del plan de redención antes que fuera a la cruz. También les habló lo que Él iba a hacer después que muriera y regresara al Cielo. Para Jesús, este grupo de hombres no solo eran parte de Su personal. Él tenía una relación íntima con ellos. Jesús no era uno de esos predicadores, «de paso», que iba a dejar a Sús discípulos abandonados después que se fuera al Cielo. El hecho de que les hizo una promesa que Él iba a mandarles a alguien, una vez se fuera, muestra cuanto Él los cuidaba.

Cuando Jesús dejó esta tierra, Él se quería asegurar que sus hombres supieran que no iban a estar solos. Él sabía de las cosas que ellos tenían que lidiar en la vida. Él sabía que todos nosotros teníamos que tratar con la vida una vez que Él fuese al Padre. Jesús sabía que Sús discípulos y todos aquellos que siguieran después de ellos, iban a necesitar a alguien con quien hablar, que les confortara y que les guiara en la vida. de hecho, un día Jesús tubo una reunión con Su discípulos para decirles todo esto.

Jesús sabía que Él estaba cerca de ir a la cruz. Él sabía que Sús discípulos lo iban a tener que verle ser maltratado y golpeado al punto de no poder reconocerle. Ellos lo iban a ver llevar Sú cruz en el camino al Calvario. Ellos iban a ver los clavos atravesar Sús manos y Sus pies, ser levantado en esa cruz de madera, y verle sangrar por los pecados del mundo.

Ahora, iba a ser muy duro para los discípulos ver todo eso, y Él lo sabía. Pero cuando el vió a todos sus muchachos, Él sabía que ellos no iban a poder soportar sin que Él les hablara. Por lo tanto, Él se dijo a sí mismo, «Yo tengo que dejar saber a estos muchachos qué es lo que está pronto a suceder». Jesús no quería dejarlos sin esperanza, preguntándose adonde Él se iría, o lo que estaba haciendo.

Por lo tanto, Él tuvo una reunión con ellos para decirles del que vendría, que Él iba a decirle a Su Padre que lo mandara a la tierra.

Jesús se Reúne Con Su Personal

¡Jesús sabía como Sus discípulos iban a estar! Él sabía que iban a estar tan disturbados en sus corazones cuando fuera a la cruz, que no iban a saber que hacer. Por lo tanto, no solo habló palabras para los discípulos sino para todo aquel que siguiera a Cristo después de ellos

En Juan 14, Jesús inmediatamente les empieza a advertir de como ellos se iban a sentir después de su crucifixión:

>*«No se turbe vuestro corazón; creéis en Dios, creed también en mí.*

«En la casa de mi Padre muchas moradas hay; si así no fuera, yo os lo hubiera dicho; voy, pues, a preparar lugar para vosotros.

Y si me fuere y os preparare lugar, vendré otra vez, y os tomaré a mí mismo, para que donde yo estoy, vosotros también estéis.

Y sabéis a dónde voy, y sabéis el *camino...»*

Juan 14:1-4

En otras palabras, Jesús estaba diciendo, "Miren, Yo estoy a punto de ir a la tumba, Pero, no se aflijan cuando vean que esto suceda. Si ustedes creen en Dios, crean en Mi y lo que estoy a punto de decirles. Yo voy a un buen lugar. Hay muy bonitas casas donde mi Papi vive y voy ahí para prepararles una propia a cada uno ustedes. Yo les voy a construir casas para ustedes, ¿No piensan que voy a regresar por ustedes? Yo voy a regresar para que estemos todos juntos».

Realmente, este es un alivio para nosotros en el presente, porque no importa que mal se vea la vida, podemos estar seguros que Jesús no se ha olvidado de nosotros. ¡Él está en el cielo preparando un lugar para nosotros y va a ¡regresar por nosotros! No solo eso, pero Él estaba a punto de mandar a Alguien para ayudarnos día a día también. ¡Pero, no quiero adelantarme, así es que regresemos a la historia!

Después que Jesús dijo esto, Tomas habló y dijo,

«Le dijo Tomás: Señor, no sabemos a dónde vas; ¿cómo, pues, podemos saber el camino?

Jesús le dijo: Yo soy el camino, y la verdad, y la vida; nadie viene al Padre, sino por mí.

Si me conocieseis, también a mi Padre conoceríais; y desde ahora le conocéis, y le habéis visto».

Juan 14:5-7

Voy a parafrasear las palabras de Jesús de nuevo, «Mira Tomás, Yo soy el camino al Cielo; Tú estás viendo al único camino a la vida eterna. Nadie va a llegar al Padre al menos vengan a través de mi primero. Si tú me conoces a mi, conoces al Padre, Dios. Por lo tanto, ustedes han conocido a Dios y lo han visto con sus propios ojos al verme a Mi».

Esta, es otra declaración de aliento para todos nosotros que conocemos a Jesús como nuestro Salvador. ¡Porque por Jesús, estamos en contacto con Jehová Dios! Esto es lo que la salvación y la comunicación con Dios se trata.

Después, Felipe habla con una petición estúpida que no hubiera tenido por qué preguntar si él hubiera estado escuchando a Jesús.

«Felipe le dijo: Señor, muéstranos el Padre, y nos basta»

(Juan 14:8).

Jesús parece un poco exasperado por esto. Él les acababa de decir que, si ellos lo habían visto a Él, habían visto al Padre; pero, Felipe debió haber perdido esa parte de la conversación, o no entendió lo que Jesús estaba diciendo. Porque el decir, *«muéstranos el Padre, y nos basta».¡Esto* era muy tonto decir después que Jesús lo acababa de decir! Podemos notar de que Jesús estaba un poco preocupado por esto por lo que dice en respuesta.

Jesús le dijo: «¿Tanto tiempo hace que estoy con vosotros, y no me has conocido, Felipe? El que me ha visto a mí, ha visto al Padre; ¿cómo, pues, dices tú: Muéstranos el Padre?»

Juan 14:9

En otras palabras «¿Cuanto tiempo he estado contigo Felipe? ¿Y todavía no sabes Quien soy Yo? Te acabo de decir que si me vez a mí, estás viendo a Mi Papi. ¡Nosotros somos uno! ¿Como puedes decir, muéstrame a tú Padre y será suficiente?» Después Jesús continua,

«¿No crees que yo soy en el Padre, y el Padre en mí? Las palabras que yo os hablo, no las hablo por mi propia cuenta, sino que el Padre que mora en mí, Él hace las obras.

Creedme que Yo soy en el Padre, y el Padre en Mí; de otra manera, creedme por las mismas obras.

*De cierto, de cierto os digo: El que en Mí cree, las
obras que Yo hago, él las hará también; y aun mayores hará,
porque Yo voy al Padre.*

*Y todo lo que pidiereis al Padre en Mi nombre, lo haré,
para que el Padre sea glorificado en el Hijo.*

Si algo pidiereis en Mi nombre, yo lo haré».

Juan 14:10-14

Jesús está diciendo, «¡Yo no estoy hablando por mi propia cuenta aquí! Él está haciendo los milagros. Por lo menos creedme por la obra que me habéis visto hacer. Creed en Mi y ustedes van a hacer aún mayores milagros que lo que yo he hecho. Yo voy a la casa de mi Padre y cuando tengan necesidades, si ustedes piden cosas a Dios en mi nombre, van a cumplirse. ¡Cualquier cosa que pidan en mi nombre cuando me vaya, yo lo voy a hacer!»

Jesús continúa instruyéndolos a actuar sobre lo que Él les estuvo instruyendo diciéndoles, *«Si me amáis, guardad mis mandamientos»* (Juan 14:15).

No es Solo Hablar Por Hablar

Jesús lo resumió todo en amor cuando dijo, «¿Me aman muchachos? Entonces hagan lo que yo les mando». Amor es la clave. ¿Amas tú a Jesús? Entonces haz lo que Él dice. Jesús les dijo a Sus discípulos que después que fuera a la cruz y muriera, Él iba a orar al Padre por el Espíritu Santo para que les ayudara.

El resultado de todo es que tú eres salvo por gracia porque es la única forma que cualquiera puede ser salvo. La salvación no sucede porque tú hagas unas cuantas obras buenas. Las buenas obras son maravillosas, pero tú no puedes ser mejor que la sangre de Jesús. Eso es lo único que Dios acepta si tú le quieres hablar. Fue algo precioso que Dios enviara a Su único Hijo para derramar sangre inocente por nosotros.

Pero después que tú aceptas Sú sacrificio y eres justo delante de Dios, ¡es tiempo de hacer algo al respecto! ¡En otras palabras, no es solo acerca de palabrería; es acerca de servicio! Somos salvos por gracia, pero después tenemos que hacer lo que Jesús dijo, si realmente le amamos. Las obras sí importan en ese aspecto.

Hay realmente extremos, en las enseñanzas respecto a la gracia y las obras. Algunas gentes dicen que solo lo que tú haces importa. Otros dices que no importa lo que tú hagas porque la gracia de Dios es suficiente. ¡Las dos son correctas pero las dos no están hablando de lo mismo! La gracia es para salvación y para quitar el pecado. Pero Dios no quiso decir que mintiéramos por todos lados o que hiciéramos nada, sabiendo que vamos en camino al cielo. Hay un mundo perdido de gentes que se está muriendo allá afuera.

Cómo la Gracia y las Obras Van Juntas

Cuando yo era un niño, empecé a ir a iglesias que eran extremas en la gracia; extremo, quiero decir que no importaba lo que yo hiciera, con tal regresara a la iglesia y le dijera al líder al respecto. Parecía que nadie esperaba algo de tí. Era como que si ellos pensaban que todos eran tan malos que había que hacer concesiones y no predicar tan duro en contra de cualquier cosa.

Mucha de la gente con la cual yo fuí a la iglesia eran buenas y dulces, pero no les importaba ni siquiera un poquito acerca de hacer algo para Dios. Ni siquiera abrían sus Biblias o pensaban de Jesús durante la semana. Los domingos eran un ritual, un lugar donde chequeabas los vestidos de la gente y no tenías ninguna presión a cambiar nada en tu vida. No importaba si ibas a la iglesia o no, porque básicamente, tú permanecías igual.

Yo fui a otras iglesias que eran extremos en cuanto a las obras; con extremos quiero decir, que no importaba adonde estuviera tu corazón con tal de que tú estuvieras haciendo buenas obras y muchas cosas para la iglesia. Algunas de las personas con las que fui a la iglesia eran tan amargados y malos, pero estaban ahí cada vez que se habrían las puertas para sentirse justificados por ello. La iglesia era legalista, y llena de reglas con gente de mal genio, que nunca se miraban contentas pero que siempre hacían buenas obras.

Estos eran el tipo de gente que llegaban donde tú estabas, con rostros tristes con una cara disgustada y te preguntaban con un tono de voz nasal y chillante. «¿Te gustaría conocer a Jesús como Señor de tu vida?» Tú les dabas una mirada y pensabas dentro de tí, «*¡Lo que sea que tú tengas, no lo quiero! ¡Parece ser muy doloroso!*»

Cuando tú creces con esta clase de gente extremista como éstas, solamente te empuja más lejos de Dios. Los niños ven la hipocresía muy fácilmente y afecta la forma en que tú piensas de Dios. Eso fue lo que me pasó a mí y tomó años antes que yo considerara volver a Dios. Hoy, yo se que tú no puedes aceptar la gracia de Dios y seguir pecando, porque si lo haces, tú no amas a Jesús. ¡Hey, no lo dije yo! Así es que no te enojes conmigo. ¡Fue Jesús quien lo dijo, «*Si me amas, ¡guarda mis mandamientos!*»

¡Y hoy, yo se que no puedes dejar en tu corazón hábitos viejos o querer ir al cielo basado en tus buenas obras! ¡Esto se llama desechar la gracia de Dios!

Gracia Desechada

Gálatas 2:21 dice, «*No desecho la gracia de Dios; pues si por la ley fuese la justicia, ¡entonces por demás murió Cristo!*» La ley fue básicamente el libro de reglas para los judíos. En otras palabras, este pasaje está diciendo, «¡Jesús no murió en vano!» No puedes obtener justicia y acercarte a Dios solamente con lo que haces.

Pon todo esto, en contra de la mayoría de todas las enseñanzas de Jesús en los Evangelios de Mateo, Marcos, Lucas y Juan y vas a ver, que Jesús estaba interesado en lo que Sus discípulos hacían. La observación de Sus mandamientos era importante para Jesús y a menudo, iba aún más lejos de animar a Sus discípulos a vivir una vida sin reproche. Pero, Jesús tampoco quiso decir que nuestras vidas fueran duras, donde nosotros siempre estábamos tratando de agarrar los anillos de bronce y no poder alcanzarlos.

Jesús quería que entendiéramos que Él nos ama y que el Padre está disponible a través de Él. Y una vez que lo aceptamos, Dios nos va a aceptar. Y una vez que eso sucede, bueno, ¡el cielo es el límite! Porque, por Jesús nuestro corazón cambia. Cuando el corazón de una persona cambia, sus obras naturalmente empiezan a cambiar también. No es una cosa difícil como la mentalidad de «tratar de obtener».

¡Es una progresión natural; después de la salvación tú solamente comienzas a desear hacer lo correcto!

Así es que la gracia y las obras son totalmente dos cosas separadas cuando se trata de la salvación, y tú solo puedes ser salvo por gracia, que simplemente quiere decir que Dios acepta la sangre derramada de Jesús por los pecados pasados, presentes y futuros. Pero cuando tú aceptas esa gracia, tú comienzas a vivir una vida de buenas obras.

Ahora, no pienses que después que tú eres salvo, la gracia termina su trabajo, ¡Porque no es así! Eso es lo que algunas iglesias enseñan cuando te hacen creer que cada cosa mala que tú haces te va a llevar al infierno. ¡Estarías saliendo y entrando tanto en el infierno, que no sabrías que hacer contigo mismo!

Después que tu eres salvo, sigues recibiendo la gracia de Dios continuamente. Si tú cometes un error, la gracia de Dios está ahí con la sangre de Jesús para borrar todo pecado. Todo lo que tienes que hacer es pedir perdón y es borrado. Tú continúas viviendo la vida y no golpeándote a tí mismo por eso. Ese sentir de culpabilidad no es de Dios. Una vez que tú dices, «Dios, lo siento mucho, por favor perdóname», tú debes de aceptar que la sangre de Jesús es suficiente buena para limpiar tu pecado y no sientas esa culpabilidad. Hazte el propósito de no hacerlo otra vez. Ora a Dios para que te ayude en esa área.

Ese día, Jesús estaba hablando a Sus discípulos y les dijo, «Si me aman, guarden mis mandamientos." ¡Pero Jesús no había terminado de hablar a Sus discípulos en este pasaje de Juan capítulo catorce! Ahora, movámonos de esta porción del versículo y vamos al próximo, porque es aquí donde la cosa se pone buena.

Después, Jesús les dice a Sus discípulos acerca del «otro» Consolador y el maravilloso día ¡que el Poder llegó!

CAPÍTULO 8

El Día Que el Poder Llegó

Entonces Jesús dijo, «*Y yo rogaré al Padre, y os dará otro Consolador, para que esté con vosotros para siempre*» (Juan14:16).

En este importantísimo pasaje de la Escritura, Jesús prometió mandar a *otro* Confortador. Jesús era el Consolador para Sus discípulos mientras estaba en la tierra. Él era Quien les ayudaba, los alentaba en tiempos de aflicción, aliviaba sus mentes cuando tenían cargas pesadas de la vida, y los animaba día a día.

Ahora, Jesús estaba a punto de irse de la tierra, y no los quería dejar desamparados. Él prometió que, aunque tenía que hacer la obra

---

de redención, que incluía la muerte. Él no los iba a dejar solos y que se defendiesen por si solos. Él les iba a mandar a Alguien que fuera Su Consolador. Así como Él lo hizo cuando estaba en la tierra, Jesús iba a mandar al Consoladorr para alentarlos en tiempos de aflicción, para aliviar sus mentes cuando la vida les diera cargas pesadas, para animarlos diariamente, y para ayudarlos en tiempos de necesidad.

Jesús continuó, «*El **Espíritu de Verdad**, al cual el mundo no puede recibir, porque no le ve, ni le conoce; pero vosotros le conocéis, porque mora con vosotros, y estará en vosotros*» (Juan14:17).

Uno momentos antes, Jesús estaba clamando, que Su Padre iba a mandar a la tierra con el nombre de «Consolador». Ahora, Jesús está llamando a este Consolador con el nombre de: «Espíritu de Verdad».

También estaba diciendo, que la gente que no creía en Él como el Hijo de Dios, no iban a poder recibir al Consolador o el Espíritu de Verdad que Él iba a mandar. Jesús esta reiterando Su papel como el mediador en ese verso. Para nosotros, esto simplemente quiere decir que una persona no puede recibir el Espíritu Santo, al menos acepten a Jesús. El Espíritu Santo podrá estar alrededor de ellos, convenciendo sus corazones de pecado, pero, Él no iba a habitar dentro de ellos hasta que ellos digan, "Jesús, ven a mi vida..." ¡y hagan lo que dice Romanos 10:9,10 que hagan!

Recuerda que el milagro de la salvación, es el Espíritu de Dios viniendo a vivir en unidad con tu espíritu. Eso es lo que re-crea en tu interior y te da el cambio de corazón que comienza a un cambio de vida.

Ahora, en Juan 14:18-20, Jesús dice, «*No os dejaré huérfanos; vendré a vosotros. Todavía un poco, y el mundo no me verá más; pero vosotros me veréis; porque yo vivo, vosotros también viviréis.*

En aquel día vosotros conoceréis que yo estoy en mi Padre, y vosotros en mí, y yo en vosotros».

Jesús está hablando de Su muerte y cómo Él se iba mostrar sobrenaturalmente a Sús discípulos después, para que ellos supieran que Él estaba vivo. Y porque ellos lo iban a ver vivo, también ellos iban a vivir después de la muerte.

«El que tiene mis mandamientos, y los guarda, ése es el que me ama; y el que me ama, será amado por mi Padre, y yo le amaré, y me manifestaré a él».

Juan 14:21

Jesús estaba prometiendo que aquellos que le amaran lo suficiente para guardar Sus mandamientos iban a ser amados por Su Padre. Él dijo algo raro en sí después, acerca de manifestarse a Sí mismo a ellos, y Judas interrumpió a Jesús con una pregunta acerca de eso.

«Le dijo Judas (no el Iscariote): Señor, ¿cómo es que te manifestarás a nosotros, y no al mundo?

*Respondió Jesús y le dijo: El que me ama, mi palabra guardará; y mi Padre le amará, y vendremos a él, **y haremos morada con él** ».*

Juan 14:22,23

¡Jesús no estaba hablando de hacer una choza, o una casa, en ellos! Él estaba hablando de la habitación del Espíritu Santo que iba a tomar lugar inmediatamente después de Su muerte para aquellos que le amaban y guardaren Sus mandamientos.

«El que no me ama, no guarda mis palabras; y la palabra que habéis oído no es mía, sino del Padre que me envió.

Os he dicho estas cosas estando con vosotros.

Mas el Consolador, el Espíritu Santo, a quien el Padre enviará en mi nombre, él os enseñará todas las cosas, y os recordará todo lo que yo os he dicho».

Juan 14:24-26

Jesús Aún Predicó Después de Su Muerte

En la reunión de Jesús con Sus discípulos, aprendimos que Él iba a levantarse de nuevo, regresar, hablar con ellos, y después ascender al Cielo, donde Él iba a orar a Su Padre para que enviara al Espíritu

Santo. Y el Espíritu Santo iba a bajar y hacer Su habitación en los corazones de los creyentes.

¿Sabes qué?

¡Jesús cumplió Su promesa!

Él hizo todo lo que Él dijo que iba a hacer. Tú puedes leer todo acerca de ese día maravilloso, que el poder del Espíritu Santo tocó a los seguidores de Jesús en el Aposento Alto, en Hechos 2.

¡Después que Jesús murió, Él se levantó de los muertos y después visitó a Sús discípulos de nuevo para enseñarles! Lucas, un discípulo de Jesús, escribe a su amigo Teófilo:

> *«En el primer tratado, oh Teófilo, hablé acerca de todas las cosas que Jesús comenzó a hacer y a enseñar,*
>
> *Hasta el día en que fue recibido arriba, después de haber dado mandamientos por el Espíritu Santo a los apóstoles que había escogido;*
>
> ***A quienes también, después de haber padecido, se presentó vivo con muchas pruebas indubitables, apareciéndoseles durante cuarenta días y hablándoles acerca del reino de Dios.***
>
> *Y estando juntos, les mandó que no se fueran de Jerusalén, sino que esperasen la promesa del Padre, la cual, les dijo, oísteis de mí.*
>
> ***Porque Juan ciertamente bautizó con agua, mas vosotros seréis bautizados con el Espíritu Santo dentro de no muchos días.***
>
> *Entonces los que se habían reunido le preguntaron, diciendo: Señor, ¿restaurarás el reino a Israel en este tiempo?*
>
> *Y les dijo: No os toca a vosotros saber los tiempos o las sazones, que el Padre puso en su sola potestad;*

Pero recibiréis poder, cuando haya venido sobre vosotros el Espíritu Santo, y me seréis testigos en Jerusalén, en toda Judea, en Samaria, y hasta lo último de la tierra.

Y habiendo dicho estas cosas, viéndolo ellos, fue alzado, y le recibió una nube que le ocultó de sus ojos».

Hechos 1:1-9

¡Después de Su crucifixión, muerte y resurrección, Jesús estuvo cuarenta días hablándole a Sus seguidores! Él les dijo que iban a ser bautizados con el Espíritu Santo en pocos días y que el bautismo les iba a dar poder para testificar por Él.

Poco después, Él ascendió al Cielo. Cuando los discípulos estaban reunidos en el Aposento Alto, algo muy raro sucedió. Tal vez habrás oído que el Espíritu Santo vino en el día de Pentecostés.

El Día Que el Poder llegó

Pentecostés, era un festival anual para el pueblo judío, donde iban a Jerusalén a celebrar los primeros frutos de sus cosechas. En ese día de la fiesta en particular, muchos de los discípulos de Jesús estaban reunidos en un lugar que se llamaba Aposento Alto. La Biblia cuenta la historia en Hechos 2:1, 2.

«Cuando llegó el día de Pentecostés, estaban todos unánimes juntos.

Y de repente vino del cielo un estruendo como de un viento recio que soplaba, el cual llenó toda la casa donde estaban sentados».

¡Yo se como se siente el viento de la presencia de Dios, y es poderoso! Lo que estaba pasando era algo sobrenatural. En los versos tres y cuatro dice lo que pasó después.

*«Y se les aparecieron **lenguas repartidas, como de fuego, asentándose sobre cada uno de ellos.***

Y fueron todos llenos del Espíritu Santo, y comenzaron a hablar en otras lenguas, según el Espíritu les daba que hablasen».

¡Aquí es donde el fenómeno de hablar en lenguas comenzó! ¡Empezó cuando el poder de Dios llegó en forma del Espíritu Santo y bautizó a cada uno en el cuarto! En este día, el Espíritu Santo hizo Su entrada a los corazones de los creyentes y fue el comienzo de la iglesia del Nuevo Testamento.

De hecho, esa es la razón que la historia está en el libro de Hechos. Lo que vas a leer en ese libro son los «hechos» de los apóstoles, no solamente sus enseñanzas. El Espíritu Santo es el miembro activo de la Trinidad, así es que fue lógico pensar que sería apropiado hacer Su presencia conocida de una forma tan dramática en el libro de Hechos.

En el libro de Hechos, hay cinco diferentes recuentos de gente recibiendo el Espíritu Santo y hablando en lenguas. (Hechos 2:4; Hechos 8:14-25; Hechos 9:17-20; Hechos 10:44-48 y Hechos 19:1-7.)

El Poder Para Testificar a Todos

Durante el primer bautismo en masa en Hechos 2, la gente habló en «otras lenguas». Esto quiere decir que, aunque había gente de todos lados de la nación judía presentes para el festival anual de Pentecostés, quienes hablaban muchos idiomas diferentes, cuando los seguidores de Jesús fueron bautizados y ellos empezaron a hablar de tal manera que *todos los que oían podían entender.* Ellos no entendían lo que estaban diciendo, pero para los que oían, era como que si *los seguidores de Jesús estaban hablando su propio lenguaje.* Esto, les dio la habilidad de testificar a cada uno.

Fue un día milagroso.

Dios quería hablar para decirle a la gente acerca de Su Hijo. Por lo tanto, Él estaba poniendo palabras en las lenguas de los seguidores de Jesús, habilitándolos para que cada uno pudiera ser entendido por todos mientras ellos testificaban por Cristo.

No Estamos Borrachos

Hechos 2:5-12 nos dice como la gente respondió a este milagro,

«Moraban entonces en Jerusalén judíos, varones piadosos, de todas las naciones bajo el cielo.

Y hecho este estruendo, se juntó la multitud; y estaban confusos, porque cada uno les oía hablar en su propia lengua.

Y estaban atónitos y maravillados, diciendo: Mirad, ¿no son galileos todos estos que hablan?

¿Cómo, pues, les oímos nosotros hablar cada uno en nuestra lengua en la que hemos nacido?

Partos, medos, elamitas, y los que habitamos en Mesopotamia, en Judea, en Capadocia, en el Ponto y en Asia,

en Frigia y Panfilia, en Egipto y en las regiones de África más allá de Cirene, y romanos aquí residentes, tanto judíos como prosélitos,

cretenses y árabes, les oímos hablar en nuestras lenguas las maravillas de Dios.

Y estaban todos atónitos y perplejos, diciéndose unos a otros: ¿Qué quiere decir esto?»

Ahora, algunos se burlaban de las lenguas y decían, «¡Ellos están llenos de vino nuevo!». Pero, cuando Pedro oyó esto, se puso de pie con los otros discípulos y dijo:

«Varones judíos, y todos los que habitáis en Jerusalén, esto os sea notorio, y oíd mis palabras.

Porque éstos no están ebrios, como vosotros suponéis, puesto que es la hora tercera del día.

Mas esto es lo dicho por el profeta Joel: Y en los postreros días, dice Dios, derramaré de mi Espíritu sobre toda carne, y vuestros hijos y vuestras hijas profetizarán;

Vuestros jóvenes verán visiones, y vuestros ancianos soñarán sueños;

Y de cierto sobre mis siervos y sobre mis siervas en aquellos días derramaré de mi Espíritu, y profetizarán. Y haré prodigios arriba en el cielo, y señales abajo en la tierra, sangre y fuego y vapor de humo;

El sol se convertirá en tinieblas, y la luna en sangre, antes que venga el día del Señor, Grande y manifiesto;

y todo aquel que invocare el nombre del Señor, será salvo».

Hechos 2:14-21

El Primer Sermón de Pedro Bajo el Poder del Espíritu Santo

Pedro le dijo a toda la gente acerca de Jesús y cómo había sido crucificado y ahora estaba en el Cielo sentado en el trono. Los corazones de la gente estaban abiertos para oír el mensaje. Y, ¿Sabes cual era el mensaje?

«Pedro les dijo: Arrepentíos, y bautícese cada uno de vosotros en el nombre de Jesucristo para perdón de los pecados; y recibiréis el don del Espíritu Santo.

Porque para vosotros es la promesa, y para vuestros hijos, y para todos los que están lejos; para cuantos el Señor nuestro Dios llamare».

Hechos 2:38,39

Esta escritura nos deja saber que la promesa del Espíritu Santo, no fue solamente para aquellos que estaban ahí para oír el mensaje, pero también para sus hijos y para los que vivían muy lejos y que el Señor llamara. ¿Llamarlos para qué? ¡Llamarlos para salvación! Después Pedro testifica y los exhorta con más predicación llena del Espíritu Santo. ¡Mira lo que pasó después!

«Pedro les dijo: Arrepentíos, y bautícese cada uno de vosotros en el nombre de Jesucristo para perdón de los pecados; y recibiréis el don del Espíritu Santo».

Hechos 2:38

¡El hombre dio un llamado al altar! ¡Tres mil personas respondieron al llamado para ser salvos y ser bautizados, y recibir el Bautismo del Espíritu Santo ese día!

«Así que, los que recibieron su palabra fueron bautizados; y se añadieron aquel día como tres mil personas».

Hechos 2:41

El maravilloso día de Pentecostés, dió inicio a la iglesia que habla en lenguas en el día de hoy. Mientras que este fenómeno comenzó con lenguas siendo habladas y gente entendiéndolas en su propio lenguaje, el apóstol Pablo también describe otro tipo de lenguas en 1 Corintios 13:1, la lengua de ángeles.

Algunas personas llaman a esto la lengua desconocida, cuando a tí te es dado una lengua santa de Dios a través del bautismo del Espíritu Santo y nadie la puede entender sino Dios. El apóstol Pablo dice, *«Si yo hablase lenguas humanas y angélicas...»*

Hoy Tenemos el Mismo Espíritu

Este fuego del Espíritu Santo, que habitaba en hombres y mujeres en el Día de pentecostés, más de dos mil años atrás, es el mismo Espíritu Santo Quien todavía está en la tierra hoy en día.

¿Por qué Él todavía está aquí? ¡Para continuar haciendo lo mismo que hizo en esos días! ¡Para dar el valor de testificar para Cristo para que toda la tierra pueda oír acerca del plan de Dios para el hombre! Y para confortar, guiar y bendecirnos, hablándonos a nuestro corazón el mensaje de Dios.

¡Ese es el poder del Espíritu Santo!

CAPÍTULO 9

Un Silbo Apacible y Delicado

Tan poderoso como fueron las lenguas en el Día de Pentecostés y tan grandioso es el poder orar en las *«lenguas humanas y angélicas...»* no toma el lugar de otras maneras que Dios nos puede hablar a/o a través de Su pueblo.

Si tú has nacido de nuevo, tú puedes escuchar la voz de Dios. El Espíritu Santo es la voz de Dios en la tierra. Tú puedes escuchar Su voz un minuto después que aceptas a Jesús como tu Salvador, porque una vez tu naces de nuevo, el Espíritu Santo viene a vivir dentro de ti.

¡Dios está tan cerca así de ti!

El único requisito para oír Su voz, es aceptar a Su Hijo y amarlo lo suficiente para obedecer Sus mandamientos. Pero, la pregunta es,

¿Estás tú escuchando a un nivel espiritual o a un nivel mental? Hay muchas maneras que Dios habla a Sus hijos, Pero la mayoría del tiempo Él lo hace a través de esa voz apacible y delicada que tú oyes salir de tu corazón cuando estás orando.

La voz apacible y delicada viene de una historia en el Viejo Testamento acerca de Elías en 1 Reyes 19:1-12. En este pasaje, el profeta Elías está huyendo de Jezabel. Ella lo quiere matar y promete que su muerte vendría pronto. Él corre al desierto para esconderse, y está sentado bajo un árbol de Enebro, sintiéndose miserable y con hambre y rogando a Dios que se lo llevara al cielo. Se duerme debajo del árbol porque está rendido y estresado.

Entonces Dios manda a un ángel y le cosa un poco de pan y le trae un poco de agua. El ángel le dice, «Levántate y come». Él despierta y ve un jarro de agua y una torta de pan arriba por su cabeza. ¡Elías come y después se vuelve a dormir!

El ángel viene por segunda vez y toca a Elías, y le dice que coma más porque le espera un largo viaje, e iba a ser muy duro si no lo hacía.

Elías no come de nuevo por cuarenta días, porque la comida del ángel lo sostiene mientras viaja para el monte Horeb. Elías está en una cueva cuando Dios comienza a hablarle:

> *«Y allí se metió en una cueva, donde pasó la noche. Y vino a él palabra de Jehová, el cual le dijo: ¿Qué haces aquí, Elías?*
>
> *El respondió: He sentido un vivo celo por Jehová Dios de los ejércitos; porque los hijos de Israel han dejado tu pacto, han derribado tus altares, y han matado a espada a tus profetas; y sólo yo he quedado, y me buscan para quitarme la vida.*
>
> *El le dijo: Sal fuera, y ponte en el monte delante de Jehová. Y he aquí Jehová que pasaba, y un grande y poderoso viento que rompía los montes, y quebraba las peñas delante*

de Jehová; pero Jehová no estaba en el viento. Y tras el viento un terremoto; pero Jehová no estaba en el terremoto.

*Y tras el terremoto un fuego; pero Jehová no estaba en el fuego. Y tras el fuego un **silbo apacible y delicado**».*

1 Reyes 19:9-12

Lo que quiero que notes de este pasaje, que a pesar de que esas cosas dramáticas estaban sucediendo, la voz de Dios no estaba ahí. ¡Hubo un viento tan fuerte que rompió unas piedras en la montaña! Hubo un terremoto y por último fuego.

Pero, Dios no estaba en esas cosas. Después del fuego fue que Él habló, y no usó ninguna voz de trueno.

En lugar, Dios escogió una voz como *silbo apacibl*e y delicado.

Cuando Elías oyó eso, él cubrió su rostro con un manto y se puso en la entrada de la cueva para escuchar ese silbo apacible y delicado.

Corazón y Espíritu

Esa misma voz, apacible y delicada, llega a nuestros corazones cuando somos salvos. El Espíritu Santo vive dentro de nosotros, y es Sú voz la que se comunica con nosotros.

Cuando la gente habla acerca de oír la voz de Dios, a menudo intercambian las palabras «corazón y espíritu». Aunque nosotros sabemos que el Espíritu de Dios se comunica con nuestro espíritu, la gente dice que Dios habló algo a sus "corazones" porque esa voz apacible y delicada parece venir del área del corazón en el cuerpo, porque esa voz parece venir de esa área del cuerpo. La mayoría de la gente entienden lo que estás diciendo cuando tú intercambias las dos palabras.

Santiago 4:8 empieza diciendo, *«Acercaos a Dios, y él se acercará a vosotros»*. Por lo tanto, hay un compromiso de parte de Dios si tú te acercas a Él, Él se va a acercar a tí. Pero, también hay un mandamiento ahí a que tú te limpies (cuando pides perdón por cualquier pecado que tu hayas cometido), y no seas inconstante.

Santiago 4:8 termina diciendo, «...*Pecadores, limpiad las manos; y vosotros los de doble ánimo, purificad vuestros corazones*». Tú tienes la habilidad de escoger lo que vas a creer. Ese es el regalo de Dios de libre albedrío en acción. Pero yendo para adelante y para atrás entre lo que crees simplemente te va a confundir más.

Si un día tú piensas que Dios te habla y el siguiente día no crees, tú eres de doble ánimo. Si estás teniendo dificultad en escuchar a Dios, toma la decisión de creer por fe que Dios habla a Sus hijos. Di a tí mismo, «yo creo que Dios habló a Su pueblo en la Biblia, y Él habla a su pueblo hoy. Yo se que Su Espíritu Santo vive en mí y Él va a hablar a mi corazón también».

Tu vieja mentalidad antes de tu salvación te podrá decir una cosa y la Biblia otra cosa. Ve con lo que la Biblia dice y no cambies de parecer entre las dos mentalidades. Acéptalo porque si la Palabra de Dios lo dice, debe de ser verdad, no importando lo que cualquiera diga al respecto. Eso es lo que yo hago y funciona. Yo se en lo que creo. Se llama la Biblia. Yo no cambio la Palabra de Dios. Simplemente lo creo, lo acepto, y tengo fe en eso. Por lo tanto, trabaja para mí. Y si trabaja para mí, va a trabajar para tí.

Yo siempre digo que en realidad no puedes ser un buen cristiano hasta que pierdas tu mente. ¡No quiero decir una condición mental inestable o emocional, porque eso no trae ningún beneficio a nadie! Lo que quiero decir es que tienes que perder esa vieja manera de pensar, si quieres entender las cosas de Dios. Tú fe va a crecer cuando tú escuchas las Escrituras. ¡Tú espíritu se va a poner más fuerte también! Entre más te profundices en Dios y en Sú Palabra, Más de Él va a entrar en tí.

A Dios le gusta hablar. Algunas veces tenemos que desintonizar la estática que está llenando tu mente, sintoniza Su voz, ¡y cállate de vez en cuando!

Dale a Dios Espacio

Ahora, este es un gran problema que veo mientras viajo predicando el Evangelio. La gente se queja de que no escuchan a Dios, pero ellos son los que están siempre hablando. No le dan espacio a Dios para hablar. A ellos se les ha enseñado tanto en cuanto a orar a Dios, pero nadie les dijo que escuchen a Dios.

Este es un consejo práctico que parece obvio, pero te lo voy a dar de todas maneras. Después que tú ores, cállate por un momento. Ora y piensa en algo en la Palabra de Dios. Después, dale a Dios espacio para que te diga algo.

Algunas personas dicen, «¡OH Señor, Señor, por favor ayúdame, ¡Señor por favor! ¡Necesito ayuda, ayuda, ayuda! ¡Ahora mismo por favor...»

Dios probablemente está tratando de meter una palabra de alguna forma, «Hey...Hey...sí...» Pero, Dios es un caballero y no va a forzarse y hablar sobre tus palabras.

La gente siempre me pregunta por qué soy tan alegre. ¡Bueno, una razón, no me estoy muriendo y yendo al infierno! Segundo, la Biblia es un buen libro y te da pasos prácticos par vivir una buena vida. Y Tercero, tengo a Dios viviendo dentro de mí, y eso quiere decir que ¡nunca estoy solo! ¡Tengo a alguien con quien hablar!

Yo he decidido vivir mi vida de esta manera porque es una mejor vida el estar en comunicación con Dios. Eso me hace feliz. Soy feliz porque tengo a Jesús a través del nuevo nacimiento. ¡Él no es un Jesús ausente! Él está conmigo, y el tener la Biblia es como tener un manual de entrenamiento para la vida diaria.

El Espíritu de Verdad

En Juan 15:26 Jesús dijo, «*Pero cuando venga el Consolador, a quien yo os enviaré del Padre, el Espíritu de verdad, el cual procede del Padre, él dará testimonio acerca de mí*».

Esa palabra «testimonio» viene de la palabra *martureo*, y de acuerdo a la *Concordancia Exhaustiva de Strong*, quiere decir «ser testigo, ejemplo: testificar (literalmente o figuradamente)». En la Versión Reina Valera quiere decir «cargo, dar [evidencia], tener un record, tener (obtener un) buen (honesto) reporte, estar bien informado, testificar, dar (tener) testimonio, (ser, mostrar, dar, obtener) testificar».

Por lo tanto, cuando estamos hablando de escuchar la voz de Dios, ésta escritura es importante, porque quiere decir que cuando estás hablando al Espíritu Santo, tú vas a escuchar la verdad. También vas a escuchar de la importancia de las enseñanzas de Jesús.

El Espíritu Santo *habla* la verdad.Jesús es la verdad.

Cuando la Voz No es de Dios

Si tú estás escuchando una voz que viene a tú cabeza y está diciendo otra cosa que la verdad de Jesucristo, ¡no estás hablando al Espíritu Santo! ¡Ese es un espíritu mentiroso, y tu sabes de donde viene! Mándalo de regreso de donde vino reprendiéndolo en el nombre de Jesús y dile, «yo no voy a escuchar a ningún espíritu mentiroso del diablo». Después, resístelo y se va ir. Eso es lo que se supone que hagas de acuerdo a la Biblia.

«Someteos, pues, a Dios; resistid al diablo, y huirá de vosotros». (Santiago 4:7). Sométete a tí mismo a Dios, y no te sometas a otras voces mentirosas que te digan otra cosa que lo que dice la Palabra Santa.

Resiste al diablo y el huirá de tí. No seas una persona de doble ánimo reteniendo un pensamiento mentiroso. Al contrario, acércate a Dios y Él se acercará a tí.

Recuerda, que Dios no argumenta consigo mismo. Tú nunca vas a escuchar acerca de Jesús, Dios, y el Espíritu Santo argumentando en la Biblia. Dios nunca dice, «¡Jesús, cállate y siéntate!» Jesús nunca dijo en la Biblia, «¡Dios, esa es una idea tonta y yo no lo voy a hacer!» El Espíritu Santo nunca dijo, «¡Yo estoy cansado de llenar esa gente de tí, Dios!» «Estoy cansado de esperar por ellos a que le hablen a Jesús primero. ¿Porqué no puedo hacer las cosas a mí manera una sola vez?»

Esto podrá sonar cómico para tí, pero, Dios no está confundido. Dios no es esquizofrénico. Él no habla por los dos lados de su boca. No hay división alguna en la Santa Trinidad

Probando al Espíritu

En 1 de Juan 4:1-4, hay una escritura que nos dice que hacer cuando no estamos seguros si lo que estamos escuchando es del Espíritu de Dios.

> *«Amados, no creáis a todo espíritu, sino probad los espíritus si son de Dios; porque muchos falsos profetas han salido por el mundo».* (v. 1).

Así es que, se supone que tu pruebes al espíritu si tu crees que no es de Dios. ¿Cómo tú haces eso?

> *«En esto conoced el Espíritu de Dios: Todo espíritu que confiesa que Jesucristo ha venido en carne, es de Dios»* (v-2).

Por lo tanto, tú sabes cuando es del Espíritu de Dios, si confiesa que Jesús fue Dios en la carne.

> *«Y todo espíritu que no confiesa que Jesucristo ha venido en carne, no es de Dios; y este es el espíritu del anticristo, el cual vosotros habéis oído que viene, y que ahora ya está en el mundo»* (v. 3).

Por esta escritura, tú te das cuenta si el espíritu no confiesa que Jesús fue Dios en la carne, entonces es un espíritu del «anti» Cristo— esto simplemente quiere decir que está en contra de Dios.

> *«Hijitos, vosotros sois de Dios, y los habéis vencido; porque mayor es el que está en vosotros, que el que está en el mundo»* (v. 4).

¡Esta escritura te anima a que no te preocupes acerca de los espíritus mentirosos porque ellos no son más poderosos que tú! ¿Que es lo que un espíritu estúpido mentiroso del diablo te puede hacer cuando tú tienes al Espíritu Santo viviendo en tí? ¡Nada! Nada, excepto lo que tú le permitas hacer. Tú eres más poderoso porque Dios es más grande que cualquier otro espíritu en el mundo.

Dios No Va a Ir En Contra de Sú Palabra

Juan 16:13 nos recuerda de nuevo que cuando el Espíritu de Verdad viene a la escena, Él solamente, *«...guiará a toda la verdad;*

porque no hablará por su propia cuenta, sino que hablará todo lo que oyere, y os hará saber las cosas que habrán de venir».

La realidad es que Dios deletreó Su voluntad en Su Palabra. Algunas veces oigo la gente decir cosas que ellos creen que Dios les dijo en el espíritu, pero va en contra de la Palabra de Dios. Por eso es que necesitamos leer, entender, y digerir la Palabra de Dios en nuestras vidas. Esto ayuda a distinguir la voz de Dios de nuestra voz, o aún de la voz mentirosa del diablo.

Tú sabes cuando estas escuchando tú propia voz o la voz del diablo cuando esas palabras no son bíblicas. Algunas veces yo veo esto mientras viajo. Me encuentro con personas que no leen la Palabra de Dios, o la estudian para entenderla y luego tratan de decir que Dios les dijo algo que va directamente contrario con la Biblia.

¡No puedo contar las veces que he escuchado a la gente decirme que Dios dijo algo que yo se que Dios no diría!

He escuchado a gente decir cosas como, «¿Sabe hermano Jesse? Dios me dijo que dejara mi trabajo, que dejara a mi esposa y los hijos y que lo siguiera a Él. Donde Él me diga que me vaya, para ahí voy a ir. Yo se que Dios va a cuidar a mi esposa e hijos. Tengo que hacer lo que me dijo que hiciera. Y tengo tanta paz en cuanto a esto hermano Jesse, realmente tengo paz».

Ellos piensan que suena espiritual, pero yo estoy pensando, *¡Eso es una locura!* ¿Dijo Dios, Abandona a tus hijos" en Su Palabra? ¡No! Él dijo, *«Porque si alguno no provee para los suyos, y mayormente para los de su casa, ha negado la fe, y es peor que un incrédulo»* (1 Timoteo 5:8). ¡Peor que un incrédulo suena bastante mal para mi! No parece que Dios está de acuerdo que el hombre abandone a sus hijos y que no provea ayuda financiera para su familia.

Si Dios te dice que vayas a hacer algún trabajo para Él y tienes que dejar tu familia por un periodo de tiempo, Él nunca te va a decir que los dejes sin ayuda financiera. Tú tienes que soportar a tu familia o vas a ser de los que «niegan la fe», y Dios dice que eres «peor que un incrédulo».

Si un hombre no puede trabajar, eso es una cosa. Pero, sí he oído a hombres que no quieren trabajar para que se queden en la casa leyendo la Palabra. Si un hombre está echado en la casa mientras sus hijos se mueren de hambre porque Dios le dijo que se quedara en casa todo el día, bueno, ¡él está viviendo en una fantasía! ¡Dios nunca le ha dicho eso a nadie! Dios es honorable, y Él no anima a nadie a que deje sus responsabilidades. Ellos podrán «tener paz» acerca de eso, pero si eso va en contra de la Palabra, es una paz falsa y muy pronto, ¡ellos van a tener una falta de paz!

Cuando personas me dicen que Dios les dijo que dejaran a sus cónyuges, toman algo que no les pertenece, o deshonran a alguien más, ¡yo se que no están oyendo la voz de Dios! Algunas personas no tienen sabiduría cuando viene a esto.

«¡Pero, Dios Me Dijo Que Hiciera Eso!»

Vas a escuchar a un creyente equivocado decir, «Dios me dijo que hiciera esto», y es totalmente en contra de Su Palabra y Su naturaleza. Ellos podrán robar dinero de la iglesia y decir, «Dios me dijo que tomara esto porque la iglesia es solo la gente de Dios en general y realmente necesito un nuevo microondas». No, Dios no le va a decir a nadie que robe el dinero de alguien. ¡Él no te va a decir a que le robes la cortadora de césped del vecino porque todas las cosas le pertenecen a Él! Él no te va a decir a que tomes $5 dólares del canasto de ofrenda porque Él te ama y quiere que tomes esos $5 dólares. ¡Te podrás reír de esto, pero yo he oído de gente que escribe a mí ministerio diciendo toda clase de locuras como estas!

«Hermano Jesse, Dios me dijo que dejara a mi esposo. Él mandó a otro hombre que es maravilloso, y yo se que Dios quiere que estemos juntos. Yo estoy casada ahora, pero estoy enamorada de otro hombre y Dios me ha dado una paz de dejar a mi esposo. Cuando yo estaba orando, oí a Dios decir, Te amo y quiero que seas feliz. Divorcia a tu esposo porque te he enviado a otro. OH hermano Jesse, yo siento tanta paz en cuanto a este divorcio. ¡Mi esposo no está tan emocionado en cuanto a esto y está muy enojado, pero este nuevo hombre, es una bendición de Dios y mi nueva relación es diez veces mejor que la que tenía con mi esposo!» ¡En realidad yo he escuchado este tipo de cosas!

¡Dios nunca manda a la gente a otro compañero mientras ellos están casados! ¡Esto es como que si Dios, como tercera persona, tomara parte del adulterio! ¡Dios no va a hacer eso! ¡Dios nunca le va a decir a alguien que deje a su cónyuge porque encontraron a alguien que se ve mejor o habla muy bien!

Lee Sú Palabra, y te vas a encontrar que Dios quiere restaurar gente individualmente y restaurar todas las relaciones, ¡No destruirlas! El divorcio podrá llegar, pero no es Su obra o Su plan. Su plan es siempre tocar el corazón del hombre para que le pida perdón y después se pidan perdón el uno al otro; se comuniquen, se comprometan a hacer los cambios necesarios y vivan en paz. Sú plan es sanar el corazón quebrantado. A enseñarles a como hablar y vivir en harmonía y que guíen a otros a relaciones restauradas y una vida mejor llena de amor como nunca la han vivido.

Ahora, si uno de ellos en la relación no quiere la ayuda de Dios y quiere salirse del matrimonio, entonces, ¿qué es lo que la otra persona puede hacer excepto orar por ella y dejarla ir? No podemos ejercitar nuestra voluntad sobre la otra persona. La gente va a hacer lo que va a hacer. ¡Pero no metas a Dios a la situación y digas que Él lo ordenó cuando eso no está en Sú Palabra! Eso es echarle la culpa a Dios por nuestros problemas y relaciones y nuestra inhabilidad de dejar nuestros problemas de orgullo. Permite a Dios a trabajar y sanar los dos y empezar a resolver a través de la comunicación y otras formas naturales para llevarse mejor.

¡Es una locura pensar que Dios va ir en contra de Sú Palabra y en contra de Sú naturaleza y decir cosas tan ridículas como esas! Es Sú voluntad de que te enamores de nuevo con tú cónyuge, resuelvan sus asuntos y tengan un buen matrimonio.

Conoce Lo Que Su Palabra Dice

Algunas veces el divorcio pareciera ser la única opción porque una persona se está alejando, o abusando o algo así. Moisés permitía que la gente se divorciara, pero cuando la gente le preguntó a Jesús acerca de eso, Él dijo que Moisés solamente lo permitió por la dureza de sus corazones; originalmente, no era la voluntad de Dios. En otras palabras, Dios no quería que tú te divorciaras, pero los corazones de la gente son tan duros el uno con el otro y para con Dios, por eso sucede. Cuando una persona tiene el corazón suave para su cónyuge, ellos no están tan interesados de estar correctos como el ser bondadosos.

Dios no quiere a nadie que sea abusivo a otra persona, pero los corazones de la gente son duros, y algunos abusan, maltratan y dañan a los demás. Ese es el resultado de un corazón endurecido. Corazones endurecidos llevan a toda clase de relaciones destructivas, especialmente en las relaciones matrimoniales. Pero la dureza del corazón de una persona puede ser suavizada a través de la comunicación con Dios.

La sanidad siempre empieza en el corazón.

Tienes que conocer la Palabra de Dios en cuanto a las situaciones. Yo no soporto cuando la gente usa, «Dios dijo» como una excusa para hacer todo lo que quieren, no importándoles lo que la Palabra diga. He escuchado a la gente decir toda clase de cosas anti bíblicas usando «Dios dijo», como una excusa.

¡Dios no te va a decir que cometas un asesinato! Dios no te va a decir que abuses, uses, o deshonres a alguien alrededor tuyo. Él no te va a decir que manipules. Él no te va a decir que mientas, robes, o que hagas trampa.

Dios solamente te va a decir cosas que están en Su naturaleza, y Él es un Dios bueno, justo y honorable que guarda Su Palabra. ¡Su Palabra nunca te va a guiar erróneamente! Su Palabra está viva con Su poder y es una de las muchas maneras que Dios te va a hablar.

CAPÍTULO 10

Dios Habla A Través de las Escrituras

¿Has escuchado alguna vez la radio y oído la estática mientras buscas las estaciones? Muchos creyentes están tratando de escuchar la voz de Dios, pero hay tanta estática en medio de sus mentes, que no pueden escuchar ni una sola cosa. La estática viene por no estar sintonizado al Espíritu Santo de Dios dentro de ti.

Algunas gentes dicen, «Dios nunca me habla».

Yo les digo, «Él escribió un libro entero para ti. ¡Léelo!»

¿Cómo te sintonizas y eliminas la estática para que puedas escuchar la voz de Dios? Una forma es de meditar en lo que Dios ha dicho en Su Palabra. Yo creo que la forma más importante que Dios habla a Su pueblo es a través de Su Santa Escritura. Su libro es Su Palabra para ti. Mientras tú lees, Dios puede revelarse a tu mente.

¿Cuantas veces has leído una escritura familiar y de repente, un día salta de la página? O, tú oyes a alguien citar una escritura, y aunque tú la has oído anteriormente muchas veces, de pronto hace sentido para tí. Te hace pensar, ¡*Whow!* ¡*Gloria a Dios!* Algo hace clic y tienes un entendimiento como nunca lo tenías antes. Esta es una forma que Dios habla a Su pueblo.

Por eso, Dios cree que todos nosotros deberíamos de estar leyendo Su Palabra, aún devorándola regularmente. ¡Es una forma que Él te habla! Es una forma que Él me habla a mí. Mientras leemos la Palabra, Él va a revelar ciertos pasajes a nuestra mente de esa forma. Algunas gentes llaman a esto obtener revelación, y simplemente quiere decir que Dios habló a tu mente cierto pasaje de la Escritura.

Hay muchas veces que esto me ha pasado a mi. Pareciera yo haber leído el mismo versículo catorce mil veces, pero de repente, un día yo leo y ¡*Whan!* ¡Pareciera que esta vez lo oí con mis oídos por primera vez!

¡Dios está hablando! Yo estoy escuchando y de pronto, lo entiendo. ¡*Whow!* ¡Me hace querer patear el púlpito! Y decir «¡Muchacho!» ¡Dios, esto es lo que Tú has estado de decirme todo este tiempo, ahora lo entiendo!

Me encanta la Palabra de Dios. Le doy gracias a Dios que tuve la educación suficiente para leer. El poder leer es una bendición fenomenal. Nunca lo tomo de menos. Es una forma hermosa que Dios usa para hablarme.

Volando y Leyendo

Dios me ha bendecido con un jet que uso para viajar por toda la nación y el mundo. ¡Es como un edificio de iglesia, una herramienta para alcanzar mi congregación— excepto que la mía está esparcida por todo el mundo!

Ese es el llamado de un evangelista, y soy tan bendecido de tener ese avión porque me permite hacer mucho más que antes que cuando usaba los horarios de las aerolíneas.

Antes que tuviera este avión, volé por quince años en los aviones comerciales. ¡Yo volé tanto que tenía suficiente Millas Frecuentes de

Volante» para volar mi personal completo a Hawái de gratis! Ahora, eso es bastantes millas. El pastor de la iglesia de Maui nos consiguió condominios a precios tan bajos, que terminamos yendo a Hawái al costo de manejar a Biloxi Mississippi. ¡Y nosotros estamos basados fuera de Nueva Orleans, Luisiana! ¡Esto es solo a una hora y media de camino! Yo volaba *tanto* que prácticamente vivía en un avión.

Después de muchos años, tenía una rutina que regularmente seguía. Después que abordaba el avión y ponía mi maleta en la parte de arriba del asiento, tomaba una revista o el periódico, *USA Today,* del puesto de lectura del avión. De vez en cuando, tomaba mi Biblia y la empezaba a leer.

Ahora, cuando leía mi Biblia, no trataba de leer todos los capítulos que podía leer. Hay algunos que se jactan, «Yo leo cinco capítulos de la Biblia al día. Yo pienso, «*¡y eso que importa! ¿Cuanto tú puedes recordar? ¿Cuanto tú entiendes? ¿Cuanto Dios te está hablando»?*

¿Cual es el propósito para una persona leer corrido a través de la Biblia? ¿Es solo para decir, «Yo he leído la Biblia de cubierta a cubierta»? ¡Tremendo! Pero recuerda que es lo que tu entiendes lo que importa. Es lo que aplicas es lo que va a hacer la diferencia en tu vida

Han habido muchas veces, que he estado en un avión que cuando estoy leyendo la Biblia y no doy vuelta a las páginas a menudo. Yo leo una historia y después solo pienso acerca por un momento. Vuelvo a leer la historian o la enseñanza una y otra vez.

"¡Dios Acaba de Crear la Tierra!"

En una ocasión estaba sentado al lado de la ventana, y había un hombre sentado en el asiento de en medio. Tomé mi Biblia, y volteé al libro de Génesis porque es mi libro favorito del Antiguo Testamento. Mi libro favorito del Nuevo Testamento es el libro de Efesios porque me anima y me dice lo que soy en Cristo. ¡Muchacho! ¡Me veo a mi mismo por todo el libro!

Así que, en el avión ese día, Abrí mi Biblia a la primera página del libro y empecé a leer a mi mismo,

"En el principio creó Dios los cielos y la tierra.

Y la tierra estaba desordenada y vacía, y las tinieblas estaban sobre la faz del abismo, y el Espíritu de Dios se movía sobre la faz de las aguas.

Y dijo Dios: Sea la luz; y fue la luz.

Y vio Dios que la luz era buena; y separó Dios la luz de las tinieblas.

Y llamó Dios a la luz Día, y a las tinieblas llamó Noche. Y fue la tarde y la mañana un día.

Luego dijo Dios: Haya expansión en medio de las aguas, y separe las aguas de las aguas.

E hizo Dios la expansión, y separó las aguas que estaban debajo de la expansión, de las aguas que estaban sobre la expansión. Y fue así.

Y llamó Dios a la expansión Cielos. Y fue la tarde y la mañana el día segundo.

Dijo también Dios: Júntense las aguas que están debajo de los cielos en un lugar, y descúbrase lo seco. Y fue así.

Y llamó Dios a lo seco Tierra, y a la reunión de las aguas llamó Mares. Y vio Dios que era bueno.

Génesis 1:1-10

Cuando leí me recordé de mis estudios del texto original hebreo de ese pasaje. Los intérpretes de la Biblia en inglés escribieron lo que Dios dijo como, «Que ahí haya luz», pero en el original hebreo sería más exacto traducirlo a simplemente, «¡Sea la luz!» (como lo está en la Versión en Español de Reina Valera de 1960)

Ahora, eso no fue la creación del sol. Eso vino después. La luz original fue Dios soltándose a si mismo a la nada. Y de la nada, Él iba a colgar algo que se llamaría la tierra. Por lo tanto, Dios mismo es luz. Primera de Juan 1:5 dice, «*Este es el mensaje que hemos oído de él, y os anunciamos: Dios es luz, y no hay ningunas tinieblas en él»*. Me recordé que en Él no hay oscuridad, «*...en el cual no hay mudanza, ni sombra de variación*». (Santiago 1:17).

Pensé, *Dios se dejó ir de la nada, y de Él, todo lo que veo, toco, huelo y como comienza a ser. Pero primero, Él se tiene que soltar a si mismo porque él es el Creador.*

Yo estaba sentado contemplando eso. Ahora, yo no se cuantas veces he leído ese pasaje, pero decidí volverlo a leer. De pronto el pasaje saltó de las páginas hacia mi, y Dios empezó a hablar a mi mente de su poder creativo y cómo el Espíritu Santo se movía sobre las aguas, haciendo exactamente lo que Dios decía que hiciera.

El texto hebreo literalmente interpreta como «revolotear». Así es que Él revoloteaba sobre las aguas, y cuando Dios habló, ¡Él se movió y las cosas empezaron a crearse! Esto me impacto maravillosamente de tal manera que me volteé al hombre que estaba al lado mío, le miré y dije, «Wow ¡Gloria!». Él me miró.

«¿Qué es lo que le pasa?» Preguntó.

No podía contenerme. Le dije, «Dios acaba de crear la tierra, ¡Mira!». Yo apunté a mi Biblia

Ahora, yo no quise decir que acababa de suceder, pero salió de esa manera. Dios me estaba hablando a través de la Escritura, pero no salió de mi boca como entró a mi mente.

Sorprendido, dije, «No era evolución».

Él contestó, «Wow, hombre, usted está bien metido en eso»

«No», yo insistí, «Esto está en mí».

«Usted se ve muy emocionado».

«Sí, yo estoy poseído con eso». Me miró como que si yo estuviera loco.

«Señor», le dije, «¡Yo estoy poseído por el Espíritu Santo. ¡Está en mi!»

Él quedó frisado y me miró. Yo recibí una revelación en ese pasaje que había leído tantas veces que no podía contar. De repente, yo sabía que el mismo Espíritu Santo que vive en mí por mi salvación, era el mismo Espíritu Santo que revoloteaba sobre las aguas, actuando en el nombre de Dios el Padre. La misma fuerza creadora que mora en mi. Simplemente saltó de la página hacia mí y no podía contenerme a mí mismo.

Revoloteando Sobre la Humanidad

De repente, empecé a tener más entendimiento, y comprendí que así es como la salvación también sucede. Antes que una persona es salva, su vida está vacía. El Espíritu Santo está afuera revoloteando sobre ellos, esperando por la orden para entrar y recrear «una nueva criatura en Cristo Jesús». Fue una revelación de como el Espíritu Santo trae luz a la vida de un nuevo creyente.

Entendí como la salvación se ve en lo natural y en el ámbito espiritual. En los ojos de mi mente, vi al Espíritu Santo revolotear sobre la cabeza de un hombre, esperando a Jehová en esencia decir, «sea la luz». En lo natural, el hombre está buscando a Dios, creyendo en su corazón y confesando con su boca que Jesús es Señor. Él lo está haciendo por fe y talvez no siente nada.

Pero en el ámbito del espíritu, en el momento que él suelta la fe, todo comienza a suceder instantáneamente: la sangre de Jesús brota y llega a limpiar los pecados de ese hombre; el Padre está observando y acepta el sacrificio de Jesús a favor del hombre. Él observa como el hombre se convierte en una vasija limpia. Él le hace señas al Espíritu Santo, Quien se mueve de revolotear, a habitar y, ¡de repente! El Espíritu Santo fluye de su cabeza hasta sus pies, recreando al hombre de Su misma presencia. Él es lleno de luz por dentro, instantáneamente vinculando con Dios como familia y es un nuevo nacido de nuevo hijo de Dios. ¡Gloria a Dios!

Yo creo con todo mi corazón que Dios usa las Escrituras para comunicarse con Sus hijos y que, en este día, Él iluminó las Escrituras de la creación para comunicarse conmigo y dejarme saber la magnitud de Su poder regenerador. Y empezó simplemente leyendo un viejo pasaje en las Escrituras.

Si tienes a un miembro de la familia que no es salvo, quiero compartir algo que mi mamá me decía cuando yo no era salvo y tan perdido como un ganso en la neblina. «Jesse», decía ella, «¡es tu mala suerte que estés relacionado conmigo muchacho! ¡Tu vas a ser salvo te guste o no te guste! ¡Yo tengo la promesa hasta mil generaciones!» Mi madre estaba seria en cuanto a mi salvación y era una mujer de corto temperamento y no andaba con rodeos.

Pero ella tenía un punto válido. ¡La Biblia dice que Dios es un Padre fiel que guarda Su pacto hasta mil generaciones de tu familia! *«Conoce, pues, que Jehová es Dios, Dios fiel, que guarda el pacto y la misericordia a los que le aman y guardan sus mandamientos, hasta mil generaciones».* (Deuteronomio 7:9).

Todo lo que tienes que hacer es aceptarlo y decir, Dios, yo se que Tú dijiste que todas Tus promesas son sí y amén, que quiere decir «¡sí y así sea!» Después ora para que Dios los rodee con gente que conoce a Dios. Ora para que Dios envíe a alguien, que personalmente se puedan relacionar y que les muestre el amor de Jesús sin ser amenazados.

En tu corazón, tú sabes que es el Espíritu Santo el que hace el trabajo. Mientras tú oras, el Espíritu Santo está revoloteando alrededor del perdido esperando a que ellos clamen diciendo el nombre de Jesús, para que Él pueda recibir la orden de Dios a entrar.

Meditación Christiana

¿Has oído tú de meditación? Otras religiones lo hacen todo el tiempo. Para tener alguna claridad talvez cantan algo en otra lengua o usan una palabra que no significa tanto, pero les da algo en que concentrarse mientras están sentados en el piso quietos y respirando fuertemente. Todo es un montón de mociones para relajar la mente y el cuerpo.

Esa no es la clase de meditación que me refiero

La meditación cristiana no se concentra en el cuerpo como respirar fuertemente y repetir una palabra rara para relajar. El enfoque es sobre palabras reales, y esas palabras son la Palabra de Dios. La Biblia dice que la Palabra de Dios es algo real.

Es activa.

Es poderosa.

Y tiene poder para cambiar circunstancias.

La meditación cristiana va a calmar tu mente y emociones. Tu cuerpo va a responder naturalmente a eso, pero su enfoque es renovar la mente a lo que la Palabra de Dios dice. Es acerca de enfocar tu mente, voluntad y emociones en la viva, activa y poderosa Escritura. Y tú lo puedes hacer en cualquier lugar o de cualquier forma que tú quieras.

Yo medito sobre la Palabra mientras corro. Algunas veces, solo le hablo a Dios, pero muchas veces paso sobre alguna escritura o serie de escrituras en mi mente mientras estoy haciendo ejercicio. El ejercicio limpia mi cuerpo; la meditación limpia mi cabeza y alimenta mi espíritu con la verdad.

El poner a un lado una porción de tiempo solo para orar y meditar en la Palabra de Dios es algo bueno de hacer. Pero si no tienes una porción de tiempo para esto, solamente comienza donde estas. Si todo el tiempo que tienes es para meditar sobre un par de escrituras durante el camino a tu trabajo por las mañanas, hazlo. Si tú puedes orar y meditar sobre una escritura mientras cortas el césped, lavas los platos, lavas la ropa o estás esperando en el tráfico, hazlo entonces ahí. El pensar sobre la palabra de Dios te va a ayudar a aclarar la estática mental y emocional para que puedas escuchar la voz de Dios más claramente.

Mascar, Tragar, y Digerir

Dios nos hizo, por eso Él sabe lo que es mejor para nosotros. Por eso, él nos dio la Biblia. La Biblia tiene mensajes prácticos para ayudarnos en la vida.

Algunas gentes piensan que son cristianos maduros porque han estado en la iglesia por tanto tiempo. Pero, la madurez viene de cuanta Biblia tu recibes y aplicas en tu vida, no solo de cuanto tú oyes y lees. Hay mucha gente que han escuchado enseñanzas de la Biblia por cuarenta años, pero son aún bebes cuando viene a las cosas de Dios. Nunca dejaron que se digiriera y que llegara a formar parte de sus vidas diarias.

Los sermones del domingo son como comida en su boca, lo mastican un poquito, y después lo escupen cuando salen por las puertas. Nunca lo tragan. ¡Otros se lo tragan y después de unos días, y lo escupen! Estos son bebés cristianos bulímicos. Nunca le dan una oportunidad a la Palabra que se digiera antes que se metan los dedos en su garganta y vomiten lo que oyeron. Consecuentemente sus vidas nunca cambian de verdad.

Por eso, es que hay mucha gente religiosa que parecen saber tanto de la Biblia, pero están confundidos cuando se trata de conocer a Dios de verdad. Los Fariseos de los cuales tú lees en la Biblia eran así, un montón de piadosos religiosos que lo sabían todo. Jesús los llamó «serpientes, hipócritas y víboras» porque mientras que ellos eran religiosos dogmáticos, habían perdido completamente el espíritu del mensaje. ¡Quizá nunca lo tuvieron! De cualquier forma, ellos no estaban digiriendo mucho de Dios. Ellos solo estaban tragando reglas religiosas y desechando el corazón del mensaje de Dios.

Obteniendo Un Alma Saludable

No es saludable vomitar. No le hace nada de bien a tu alma. Lo mejor es escuchar la Palabra, mastícala, trágala y déjala que baje a lo más profundo de ti. Todo cristiano quiere hacer lo que es correcto. Solamente que se confunden en su interior. Cuando sus mentes no entrenadas toman control; escupen cualquier cosa que no cabe en su criterio mental. Esto no es saludable.

Primero, es importante saber que el «verdadero tú», es la combinación de tu espíritu y tu alma. La Biblia dice que nada puede separar esto sino la Palabra de Dios. El verdadero tú, está encerrado en un cuerpo de carne. La salvación sucede cuando tu alma (que es tu mente, tu voluntad y tus emociones) decide aceptar a Jesús como tu Redentor. Después el Espíritu Santo entra y hace renacer tu espíritu para que puedas escuchar la voz de Dios.

La parte espiritual en tí, no tiene problemas con las cosas de Dios. Es la parte del alma (mente, voluntad y emociones) que tú estás reentrenando cuando tú lees la Biblia. Tu mente, voluntad y emociones son las que tú usas en la vida diaria para tomar decisiones. El potencial en la vida es tan grande, pero si tu alma está toda confundida ¡nunca vas a ir a ningún lado!

Nada funciona cuando las decisiones en tu vida son guiadas por una mente, una voluntad y emociones fuera de lugar y confundidas. Las enseñanzas de Jesús van a corregir tu mente, voluntad y tus emociones para que vivas como Dios quiere que vivas, en paz, gozo y amor.

Las enseñanzas de Jesús están ahí, listas para ayudarte en la vida. ¡Por lo tanto, come de la Palabra! Trágala, y digiérela, aunque algunas veces no tenga buen sabor. Y mientras tú comes, la tragas y la digieres, vas a ver que es una mejor vida. Escucha, yo se que no es fácil. La gente piensa, que fácil y mejor quiere decir lo mismo. No. No es lo mismo. Algunas veces lo que es fácil no es lo mejor. Algunas veces es más difícil hacer lo que es mejor.

Yo se que algunas de esas escrituras son difíciles de escuchar. Por ejemplo, tomemos la Escritura en Mateo 5:44, «*Pero yo os digo: Amad a vuestros enemigos, bendecid a los que os maldicen, haced bien a los que os aborrecen y orad por los que os ultrajan y os persiguen...*».

Seamos honestos. ¡Algunas veces tú querrás darle un golpe a alguien! Es difícil bendecir a alguien que te está insultando. Es difícil hacer bien a alguien que te odia. Y cuando están actuando como idiotas, bueno, ¿quien quiere orar por ellos? Pero, tu eres la mejor persona para eso, aunque sea duro. Es como un vegetal que sabe mal. No huele bien y no sabe bien, pero es lo mejor para el cuerpo.

No me preguntes por qué eso es así. peros así es. Como la comida es nutritiva a tu cuerpo, las enseñanzas de la Biblia son nutrición para el alma. Tu mente, voluntad y emociones van a ser más saludables cuando tú apliques lo que tú lees en la Biblia. Además, tú vas a empezar a escuchar la voz de Dios más fácilmente también.

CAPÍTULO 11

Cuando Dios Habla
En Voz Alta

Dios habla a Sus hijos de muchas maneras. Probablemente la forma más dramática que Dios habla a la gente es con voz audible. Al principio del libro, les dije un testimonio de como Dios me habló audiblemente en mi dormitorio. Ahora, voy a compartir una historia bíblica de un jovencito llamado Samuel. ¡Esta es una de mis historias favoritas en cuanto escuchar la voz audible de Dios!

Samuel tenía una mamá que oraba mucho. ¡Las mamás que oran son maravillosas! La única razón que hoy soy salvo, es por mi mamá y mi esposa que nunca se dieron por vencido. Ellas me guiaron al reino. La madre de Samuel oró para su existencia. Esta mujer era una mujer estéril. Y ella no estaba contenta de eso. Ana quería un bebé. Y oró y oró. Esta mujer rogó a Dios para que la bendijera con un niño.

De hecho, ella hizo una promesa a Dios que, si le daba un hijo, ella se lo daría de regreso para que le sirviera todos los días de su vida.

Dios honró la oración de Ana y le dio un hermoso niño a quien nombró Samuel. Ana guardó su promesa a Dios, y cuando Samuel fue mayorcito, ella lo mandó a vivir y ser creado en la casa de Dios con Elí, el sacerdote. Su madre amaba a Dios tanto que estuvo dispuesta a sacrificar su tiempo con su hijo para que creciera y en la admonición de Dios en el templo de Dios. Ella le traía un pequeño abrigo una vez al año cuando visitaba el templo.

Dios honró a Ana con tres hijos y tres hijas, después que ella mandó a Samuel al templo para que fuese creado en la casa de Dios. Además, Dios puso en Samuel un ministerio profético. Ese niño creció y llegó a ser un gran juez de Israel, pero siempre, fue conocido primero como un profeta de Dios.

Algo le pasó a Samuel cuando era niño, que yo creo que es una buena ilustración en cuanto a oír la voz audible de Dios. En los tiempos del Antiguo Testamento, la gente no tenía acceso a Dios como nosotros lo tenemos ahora, porque Jesús no había venido todavía. El Espíritu Santo moraba en medio de la gente, pero no habitaba *en* la gente y eso hacía una gran diferencia. Aparte de no tener la Salvación de Jesús, tampoco tenía Sus enseñanzas

Ellos pensaban que todo lo bueno venía de Dios y todo lo malo venía también de Dios. No tenían concepto del diablo hasta que Jesús apareció en la escena. Esa es la razón por qué Jesús es conocido como la luz del mundo. Él vino a brillar la luz en los lugares oscuros, a exponer al diablo como "el ladrón" que vino a «matar, robar, y a destruir». Él vino a brillar la luz en Dios como alguien bueno y a decirle al mundo que Él vino, «...*para que tengan vida, y para que la tengan en abundancia*».

Los Hijos Rebeldes de Elí

Ahora, Samuel era un muchacho del Antiguo Testamento, que creció en la iglesia bajo Elí. Elí era un sacerdote y tenía sus propios hijos y eran malos. Ellos crecieron a jóvenes que dormían con las mujeres que andaban alrededor del templo. No tenían respeto a las cosas de Dios y aún comían el pan sagrado de la comunión como que eran galletas. Estos muchachos comían el pan y bebían el vino de la comunión hasta que se emborrachaban en el templo.

Elí no era del tipo disciplinario y dejaba a los muchachos correr como bestias. Él trató de razonar con ellos, pero no lo escuchaban. Proverbios 22: 15 dice, *«La necedad está ligada en el corazón del muchacho; mas la vara de la corrección la alejará de él»*. No dice que razonando echa fuera la necedad; sino dice que la vara de corrección la echa fuera del niño.

Ahora, yo creo en la disciplina, pero si tu te gozas al aplicarla, tú necesitas oración. Hay algo que se llama abuso, y es pecado delante de Dios provocar a los hijos o abusarlos. Pero no hay pecado en la disciplina. La buena disciplina es en realidad una forma de amor, y Dios dijo que tú la debes de aplicar si tú eres un padre. Toma firmeza el ser firme en hacer lo correcto, en cualquier situación que te encuentres, incluyendo la educación de los hijos.

¡Los hijos de Elí eran tan rebeldes que Dios se involucró! Él no va a dejar que Su casa sea puesta en vergüenza por mucho tiempo antes que Él tome acción. Elí como el sacerdote, era responsable por sus hijos.

Pero Él no los controló, y eventualmente, las cosas se pusieron tan mal que en 1 de Samuel 2:17-18 dice, *«Era, pues, muy grande delante de Jehová el pecado de los jóvenes; ...Y el joven Samuel ministraba en la presencia de Jehová, vestido de un efod de lino»*.

El pecado estaba arruinando la iglesia a través de la familia del sacerdote y eventualmente Dios tuvo suficiente con eso. Un hombre de Dios apareció y dijo una profecía. Los hijos de Elí iban a morir. El profeta dijo que un nuevo profeta iba a ser levantado.

De acuerdo a Dios, Su nuevo profeta iba a ser, *«...un sacerdote fiel, que haga conforme a mi corazón y a mi alma; y yo le edificaré casa firme, y andará delante de mi ungido todos los días. Y el que hubiere quedado en tu casa vendrá a postrarse delante de él por una moneda de plata y un bocado de pan, diciéndole: Te ruego que me agregues a alguno de los ministerios, para que pueda comer un bocado de pan»*. (1Samuel 2:35-36).

Inmediatamente después que estas palabras fueron pronunciadas a Elí, Dios vino a hablar con Samuel. El pequeño Samuel tuvo su primera profecía. ¡Cuando Dios se mueve, lo hace rápido! ¡Cuando Él quiere que suceda algo, sucede rápido! Primera de Samuel 3:1, nos deja saber que la Palabra del Señor era rara en esos días. Nadie estaba escuchando mucha profecía porque el pecado en la iglesia había bloqueado la voz de Dios. Además, la Palabra de Dios no estaba en forma escrita a plenitud como lo que tenemos hoy, por lo tanto, la gente no podía leerla.

Claro, Jesús no había venido todavía a lavar el pecado y la gente todavía estaban sacrificando para expiar el pecado. Por lo tanto, la gente dependía de los profetas de Dios para guiarlos. Dios empieza a hablarle a Su próximo sacerdote, el muchacho Samuel. Primera de Samuel 3 nos da la historia, Pero yo la voy a parafrasear.

El Pequeño Samuel Oye la Voz de Dios

La historia empieza mientras Samuel dormía en su cama. Su cama estaba localizada en el mismo cuarto del sacerdote Elí. El Arca del Pacto está en el mismo cuarto también, y ellos tienen esta tradición de encender siete lámparas cada noche y quemar el aceite hasta tempranas horas de la mañana. Elí está ya tan viejo que cuando las lámparas se apagan, no puede ver ninguna cosa. Samuel está acostado en la cama, y en el momento antes que de las lámparas se apaguen, él oye una voz en la oscuridad llamándole.

Creyendo que la voz era de Elí, Samuel salta de la cama y dice, «¡Aquí estoy!»

Él quiere saber que era lo que Elí necesita. Samuel es un muchacho obediente y quiere ayudar a su sacerdote.

Así es que corre hacia Elí y dice, «Aquí estoy, pues me llamaste».

Elí dice, "¡Muchacho, vuelve a tu cama! Yo no te llamé».

Samuel vuelve a la cama y de nuevo oye la voz.

«¡Samuel!»

Otra vez, Samuel se levanta de la cama rápidamente y dice, «aquí estoy pues me llamaste».

Elí contesta, «Yo no te llamé, mi hijo; acuéstate de nuevo».

Ahora, 1 de Samuel 3:7 dice algo raro para mi. Dice, *"Y Samuel no había conocido aún a Jehová, ni la palabra de Jehová le había sido revelada."* ¿No es esto sorprendente que tu puedes crecer en la casa de Dios y aún así, no conocerle? ¿Que tú puedes crecer un hogar cristiano y no conocer a Dios?

> *«Jehová, pues, llamó la tercera vez a Samuel. Y él se levantó y vino a Elí, y dijo: Heme aquí; ¿para qué me has llamado? Entonces entendió Elí que Jehová llamaba al joven»* (v.-8).

Nota que Elí empieza a discernir algo aquí, así es que le da instrucciones al muchacho que hacer.

> *«Y dijo Elí a Samuel: Ve y acuéstate; y si te llamare, dirás: Habla, Jehová, porque tu siervo oye. Así se fue Samuel, y se acostó en su lugar»* (v.-9).

En otras palabras, Elí está diciendo al muchacho que reconozca la voz del Señor y que le deje saber al Señor que él está oyendo Su voz.

> «Y vino Jehová y se paró, y llamó como las otras veces: ¡Samuel, Samuel! Entonces Samuel dijo: Habla, porque tu siervo oye» (v.-10).

Nota la obediencia de Samuel a las instrucciones de Elí al decir que él oía. Él es un siervo de corazón y es sumiso a la autoridad. Así como fue rápido a saltar de la cama para atender a Elí, Samuel fue rápido para atender las palabras de Dios. Esta es una parte importante del carácter del pequeño Samuel. Él es un muchacho que Dios podía usar.

Esa temprana mañana, Samuel escuchó su primera palabra profética de Dios y era fuerte, confirmando la palabra de Juicio sobre la casa de Elí que había sido hablada momentos antes. Samuel se fue a la cama y tenía miedo de contarle a Elí lo que Dios había hablado. Elí presentía eso y dijo, «¿Qué es la palabra que te habló? *Te ruego que no me la encubras; así te haga Dios y aun te añada, si me encubrieres palabra de todo lo que habló contigo»* (v.-17).

Entonces Samuel le dijo a Elí todo lo que Dios le había dicho, y Elí aceptó la palabra y dijo, *«Jehová es; haga lo que bien le pareciere»*. Elí era un buen hombre. Solo que él dejó que sus hijos arruinaran la casa de Dios. Y eso no podía permitirle, especialmente cuando la gente no tenía Biblias y ellos dependían de los sacrificios para expiar sus pecados, y una iglesia santa para darles instrucciones.

El punto al compartir esta historia es para demostrar, cómo el pecado puede interrumpir el fluir libremente de la conversación entre Dios y el hombre. El pecado continuo puede afectar el hecho de oír o no oír la voz de Dios.

La obediencia de Samuel, la disponibilidad de saltar para ayudar, era lo que Dios necesitaba para compartir Su Palabra. Necesitaba alguien que estuviera dispuesto a decir, *«Habla, porque tu siervo oye»*.

Dios necesitaba a alguien dispuesto a oír.

CAPÍTULO 12

Tú Tienes Una Audiencia Con Dios

Hoy en día, ya no hay siervos como en el Antiguo Testamento. A través de la sangre de Jesús hemos sido hechos hijos e hijas de Dios; hemos sido adoptados a la Familia Santa. Somos herederos con el Padre y coherederos con Jesús. Por lo tanto, hoy si Dios te llama todo lo que tienes que decir es, «Señor, Tú hijo oye» o «Señor, Tú hija oye».

Yo me aliento a mi mismo acerca de lo que soy en Cristo Jesús. Yo cito Escrituras a mi mismo, y algunas veces me miro al espejo y digo, «yo estoy en la familia de Dios. ¡He nacido al reino de Dios por Ti Jesús! ¡Mayor es el Que está en mi que aquel que está en el mundo! ¡A pesar de que te sirvo, ya no soy llamado siervo, sino soy llamado Tu hijo! ¡Gracias, Jesús! ¿Que es lo que quieres que haga hoy?»

Dios puso la historia de Samuel en la Biblia por una razón; y una de Sus razones es para que tú y yo un día vendríamos a leerla, y decir, «¡Sí, el escuchar realmente es importante para una buena comunicación!»

Desarrollando Una Percepción Espiritual

Si tú quieres oír y entender la voz de Dios más claramente en tu vida, tienes que desarrollar tu percepción espiritual. No percepción mental o física, sino percepción espiritual.

El oír y entender, son las claves a una percepción espiritual. Algunas personas nunca oyen con su espíritu porque siempre están escuchando con sus mentes o sus cinco sentidos. El oír la voz de Dios es una cosa espiritual, no una cosa mental. Otros oyen a Dios hablando a sus espíritus, pero no tienen ningún entendimiento. ¿Que tiene de bueno eso?

La Biblia nos dice en Oseas 4:6 que la gente es destruida por falta de conocimiento. Esto es en cada área, pero lo peor es en el área espiritual. La falta de conocimiento o entendimiento de la Palabra puede confundir la vida de la gente. Es importante para nosotros desarrollar percepción espiritual, para que cuando leamos lo que Jesús dijo, podemos dejar que penetre a nuestro espíritu y después ¡hacerlo!

La oración es el lenguaje de Dios. Por lo tanto, ¿cómo obtenemos percepción espiritual en la Palabra de Dios? ¡Hablando el lenguaje de Dios! Ya sea en tus propias palabras o a través del lenguaje del Cielo, lenguas. Tienes que ser una persona de oración si quieres escuchar la voz de Dios.

Ahora, eso no quiere decir que tienes que pasar nueve horas de rodillas. Tú puedes orar de pie, sentado o haciendo cualquier cosa. No tienes que estar en un closet. No tienes que hacer eso, pero Dios te bendiga si quieres, ¡puedes hacerlo! La oración produce percepción espiritual para que tus oídos sean abiertos a oír la voz de Dios.

La oración y el leer la Palabra, son las herramientas para re-entrenar tú alma: tu mente, voluntad y emociones. Cuando la oración es el enfoque en tu vida, tú llegas a ser una persona «con la mentalidad de Dios» por así decirlo. Tú eres como una antena recibiendo las frecuencias. ¡Hombre! Si Dios dice algo, ¡vas a reconocerlo rápidamente! Como el pequeño Samuel, vas a saltar y decir, «¿Me llamaste?».

Mientras tú te desarrollas en tu vida de oración, vas a oír mejor porque tu recibidor ¡va a ser más potente! Dios te podría decir, «te amo» suavemente, y si tu recibidor está fuerte, tú vas a responder, «Yo te amo también, Jesús. ¿Que quieres que haga?». Él podría contestarte, «Yo solo quiero hablarte, eso es todo. Te quiero mostrar algo en mi Palabra que te va a ayudar hoy». Los dos se están comunicando. Hablando con Dios es así de simple.

La Oración Te Da Una Audiencia Con Dios

Cuando tú naces de nuevo, puedes ir confiadamente ante Dios en oración. No tienes que andar de puntas con temor. Tú eres Su hijo. Él te ama. Él quiere hablar contigo.

¿Sabías tú que Jesús es tu Sumo Sacerdote en el Cielo? No solo es eso, pero es también nuestro hermano por la obra que Él hizo en la cruz. Y porque somos parte de la familia, podemos ser fuertes y osados cuando oramos. La oración es el tiempo que tú tienes una audiencia con Dios.

Hebreos 4:14-16 dice esto:

> *Por tanto, teniendo un gran sumo sacerdote que traspasó los cielos, Jesús el Hijo de Dios, retengamos nuestra profesión. Porque no tenemos un sumo sacerdote que no pueda compadecerse de nuestras debilidades, sino uno que fue tentado en todo según nuestra semejanza, pero sin pecado.*

> *Acerquémonos, pues, confiadamente al trono de la gracia, para alcanzar misericordia y hallar gracia para el oportuno socorro.*

Cuando tú dices, «Padre Celestial, yo vengo confiadamente ante Tu trono de gracia en el nombre poderoso de Jesús», algo pasa en la esfera espiritual. Es como si las puertas del Cielo se abrieran de par en par y la alfombra es puesta, para que tú puedas entrar y hablar con Dios. Tú puedes entrar valientemente al trono cuando usas el nombre poderoso de Jesús. Todos los ángeles se postran ante el nombre de Jesús y se hacen a un lado del camino para ti mientras Dios dice, «¡aquí está uno de Mis hijos!» o «¡aquí está una de Mis hijas!».

La razón por qué mucha gente pareciera que no pueden llegar a Dios es porque no tienen confianza ni valor, pero lo peor de todo es que están tratando de «sentirlo». Ellos evalúan el hecho, si Dios está escuchando o no, de acuerdo a como se sienten. Jesús te dio una audiencia con Dios cuando Él fue a la cruz. Tus sentidos no son una medida que determina si Dios está escuchando o no.

Algunas personas piensan que cuando su piel se pone como «piel de gallina» es una forma que Dios muestra que «está en el edificio». Pero la piel de gallina podría ser el resultado de que el aire acondicionado se acaba de prender. ¡Podría ser que no tienen nada que ver con alguna cosa espiritual!

¡Elvis Dejó el Edificio!

Las personas que evalúan la presencia de Dios conforme sienten su piel erizarse, es como cuando Elvis actuaba y su gente anunciaban en los parlantes, «Elvis ha dejado el edificio». todas esas muchachas gritaban a pulmón abierto con un sentir desesperanzado porque su «rey» no iba a estar en el teatro hasta el próximo concierto.

Déjame decirte algo, tú no tienes que gritar ni llorar tratando de llamar la atención a Dios y evaluar de acuerdo a como tu piel se herriza, para saber si Dios salió del edificio. Dios no se ha ido. Él nunca se va a ir del edificio. Tu eres el templo o el edificio de Dios de acuerdo a 1 Corintios 6:19, así es que, si tu eres salvo, ¡Dios siempre está en tu edificio! Él es accesible, veinticuatro horas al día.

Whoo! Whoo! Whoo!

Nunca se me olvidarán una reunión donde yo estaba predicando. En medio de mi sermón, esta mujer en la congregación gritaba,

«¡Whoo! Whoo! Whoo!» Y era en los momentos más extraños. No antes que yo terminara de decir algo, los otros en la iglesia que pensaban que algo era inspirador lo suficiente para gritar; pero en lugares extraños en mi sermón. Pensé en mi interior, *tengo una persona loca aquí*, y traté de ignorarla. Pero ella no hacía señales de que iba a menguar.

«Whoo! Whoo! Whoo!»

Así es que, finalmente me cansé y grité, «¿Qué es lo que está haciendo señora?"

Ella dijo, «¡Mire hacia arriba!»

Por lo tanto, lo hice, y yo no vi nada espiritual. Yo solo vi a un montón de aves de papel colgados del techo de la iglesia. Eso no era nada significante para mi. Yo viajo por todo el mundo y la gente cuelga toda clase de decoraciones el los santuarios de las iglesias. Esta iglesia tenía aves colgando del cielo de la iglesia.

Yo estaba esperando algo espiritual, como una visión o algo sobrenatural, pero no miraba nada así, por lo tanto, miré a la señora y dije, «¿Yo no miro nada"

Entonces me di cuenta. Vi lo que estaba sucediendo. La iglesia no colgó cualquier clase de aves; ellos colgaron palomas para representar al Espíritu Santo. Y cada vez que yo decía las palabras, «poder» o «Espíritu Santo», parecía que coincidía con el aire acondicionado cuando se prendía y hacía que las palomas se movieran cuando empezaba a soplar. Esta mujer pensó que era una señal de Dios. «¡Whoo! Whoo! Whoo!» eran las palabras que escogía, cuando la «presencia de Dios» estaba en el salón.

¡Esta es una historia verdadera! Y esto muestra qué ridículo puede ser, cuando tratamos de evaluar la presencia de Dios por cosas exteriores. La iglesia quitó las aves la semana siguiente, y la señora se fue de la iglesia. Ella se fue porque habían quitado las palomas. ¡Estoy en serio!

¿Por qué quitaron las palomas? No por los gritos de esta señora, pero porque se dieron cuenta que podían causar un incendio. Ellos las habían colgado no mucho antes que empezara mi servicio y no se habían dado cuenta que calientes se ponías las luces después de un rato de estar prendidas. Ellos se preocuparon que esas palomas de papel se podían encender por estar bajo el calor.

¿Te podrías imaginar lo que esta mujer hubiera hecho si esas palomas agarraran fuego? Ella hubiera gritado, «¡El fuego está cayendo!»

¿Puedes ver eso? No necesitamos ver una paloma de papel moverse para saber que el Espíritu Santo está en la casa. Dios está en nosotros, por lo tanto, Él siempre está en la casa, y todo lo que tenemos que hacer es creer la Palabra de Dios y vayamos con confianza al trono de gracia. Una unción especial baja en mis servicios cuando todos nos unimos en oración y fe. Algunas veces, el cuerpo físico siente los efectos del Espíritu de Dios.

Cuando la unción está en un salón, algunas personas van a sentir como «piel de gallina»." Algunas personas van a caer bajo el poder del Espíritu. Algunos se ríen, algunos lloran, algunos tiemblan y algunos caen al piso rodando. El punto es que, los sentidos no son la forma de evaluar la presencia de Dios. Dios está con nosotros cuando no lo sentimos para nada. Y Él está con nosotros cuando estamos temblando y rodando también. Nunca te dejes llevar por los sentidos. No se puede confiar en ellos. En la Palabra de Dios sí se puede confiar y Él nunca nos va a dejar o desamparar (Hebreos 13:5).

Para percepción espiritual, no percepción física, es esencial si vamos a oír y entender la voz del Señor en nuestra vida.

CAPÍTULO 13

Acércate a Dios y Sé Fructífero

La oración es una forma de comunicarte con Dios en cuanto a tus situaciones diarias y las cosas profundas de Su Palabra. Yo te animo que seas pronto para orar. No me importa cuan pequeño tú crees que el problema o la necesidad sea. Ora por eso. Si es suficiente para tomar lugar en tu cerebro, vale a pena orar por ello. Si es suficiente para hacerte pensar, ora. Y si te está manteniendo despierto por la noche, por el amor de Dios, ¡ora por eso!

Yo oro por casi todo. Tal vez fallo en una cosa o dos aquí y por allá, pero en general, le dejo saber a Dios de lo que está pasando. Claro, yo se que Él ya conoce lo que está pasando en mi vida. Pero lo saco de mi pecho y le da a Él la oportunidad de confortarme y para decirme lo que tengo que hacer. Yo oro todos los días. algunas veces oro tres veces al día. Otras veces no puedo contar el número porque hablo con Dios todo el día.

Yo no soy religioso en cuanto a mi vida de oración porque yo se que la palabra *oración*, simplemente quiere decir hablar con Dios. Y yo hablo mucho por naturaleza. Me gusta hablar, y eso es lo que hacemos Dios y yo. Pero, también tengo un buen sentido de cuando callar y también escuchar.

¡Si Yo Me Guiara Por Los Sentidos, Yo Renunciaría!

Algunas veces cuando estoy en la parte final de mi ejercicio en la máquina de correr, mi cuerpo me grita, «Jesse, ¿que estás haciendo, idiota? ¡Para! ¡Ya estás viejo! ¿A quien le importa? ¡Cómete una pierna de gallina!» Entonces oro un poco más.

Yo he tenido gente que me pregunta, ¿Estás bien? Porque me ven la cara roja; me ven como que casi estoy listo a caer desmayado del agotamiento. Yo les digo, «Sí estoy bien, pero mi cuerpo no». Ellos no entienden y piensan que estoy loco, pero a mí no me importa. No estoy loco; yo no voy por mis sentimientos.

Mira, yo se que tengo un horario intenso de mantener, ya tengo reuniones programadas para los próximos años. Algunas veces me río al respecto y le digo a Cathy, «¿puedes creer que ya se donde voy a estar tres años en el futuro?». Yo se que, si quiero mantenerme haciendo lo que estoy haciendo, tengo que ejercitar mi cuerpo.

Ahora, yo me pongo rojo muy rápido y sudo bastante cuando hago ejercicio. Si yo observara mi apariencia exterior durante una corrida fuerte, hombre, ¡yo renuncio! Pero, yo se lo que está pasando dentro de mi cuerpo. Yo se que los músculos de mi corazón se están haciendo mas firme con cada corrida. Yo se que mis pulmones están siendo inundados con oxígeno y el sudor está limpiando las impurezas de mi cuerpo. Yo se que el ejercicio vigoroso es lo que toma para estar en buena salud. Y ese ejercicio tiene que ser hecho regularmente para que yo tenga éxito en mantenerme cerca de mi peso normal.

Ahora, si yo escuchara lo que mi cuerpo me dice, yo estaría tirado en el sofá viendo televisión en lugar de estar predicando. Yo estaría comiendo chicharrón, salsa de queso, y un pastel con chocolate encima en lugar de estar tomando vitaminas y comiendo carne sin grasa y vegetales. Yo estaría 500 libras fuera de la voluntad de Dios. ¡Yo no podría mantener mi horario de predicación llevando una barriga de cien libras por todos lados! Yo tengo que mantener mi cuerpo y alma saludable. Más importante, tengo que mantener mi espíritu entonado con Dios si quiero cumplir Su plan para mi vida.

¡Robándo el Fruto!

Una de las cosas por lo cual yo soy conocido por todo el mundo, es por mi gozo. Para mí, el ser salvo es alegre. Algunas personas son salvas lo suficiente para ser miserables. Cuando yo veo eso, pienso que es vergonzoso porque el conocer a Dios es acerca de libertad, no esclavitud. ¡Jesús no fue a la cruz para que nosotros, algún día, creamos en Su nombre, aceptemos su gracia y perdón y después vivamos miserablemente! Él vino para que tengamos vida y la tengamos en abundancia. Yo no se acerca de tí, pero yo no creo que Jesús estaba hablando de abundancia de depresión.

¡Esas cosas son del abismo! El gozo es un fruto del Espíritu, disponible para cada creyente. Jesús dijo que es el diablo quien roba, mata y destruye. Jesús le llama un ladrón. (Juan 10:10). ¿Qué es lo que él roba? ¡Todo en lo que él pueda poner su mano! Pero, yo creo que lo que a él le gusta robar más de los creyentes, es el fruto del Espíritu. Tienes que estar alerta a él. ¡En lugar de pasar matando a alguien, el diablo va a tratar de pasar y robarte el fruto!

El fruto del Espíritu es amor, gozo, paz, paciencia, benignidad, bondad, fe, mansedumbre y templanza (Gálatas 5:22). Estos son los atributos de Dios, y ellos están disponibles para ti porque tú estás en la familia y tienes Su Espíritu morando en ti. Sús atributos se manifiestan en nuestras vidas cuando hacemos lo que Gálatas 5:25 dice, *«Si vivimos por el Espíritu, andemos también por el Espíritu»*. Eso quiere decir que debemos estar entonados con el Espíritu de Dios dentro de nosotros y cultivar nuestros atributos divinos a través de la oración, lectura de la Palabra y activamente usar nuestro fruto.

El fruto del Espíritu sale de nuestro corazón. Entre más cerca estamos de Dios, más amable nos convertimos hacia los demás. Tenemos más paz porque sabemos que Dios es nuestro Padre y Él nos está cuidando. Nosotros sabemos esto porque estamos en constante comunicación con Él.

Entre más frecuente nos acercamos a Dios, más pacientes y benignos nos volvemos. Esto no sucede de la noche a la mañana; viene cuando dejamos que Su Espíritu consistentemente domine en nuestras vidas. Crecemos en bondad, fe, mansedumbre y templanza o dominio propio.

¡Ahora, algunas personas pareciera que comen de una fruta más que de otra! ¡Algunos escogen desechar un fruto por completo! El de paciencia es el más desechado. Y templanza tampoco hace la lista muchas veces. Pero, Dios quiere que todos los frutos se manifiesten en nuestras vidas. ¡Él quiere que nos gocemos en todos ellos!

Mientras vamos en nuestro diario vivir, es el fruto que nosotros permitimos fluir de nuestro espíritu que va a ser la diferencia. Nosotros escogemos que el amor de Jesús que está en nuestro corazón fluya hacia afuera. Nosotros escogemos que el gozo de Jesús que está en nuestro corazón fluya hacia afuera. Nosotros escogemos que la paz de Jesús fluya hacia afuera. Nosotros escogemos que el fruto de la paciencia se manifieste, así como el resto.

Día a día, nosotros cultivamos el fruto del Espíritu en nuestras vidas. ¡Cada uno de nosotros somos diferentes y vamos a expresar el fruto en diferentes formas; pero, ¡todos tenemos derecho a todo! Yo podré expresar mi gozo de una forma diferente a la tuya. Yo podré expresar mi amor diferente. Pero, los dos de nosotros tenemos el gozo y el amor de Dios en nuestros corazones. Esto es parte de lo que obtenemos, cuando llegamos a ser hijos de Dios. Cuando Su espíritu entra en nosotros y nacemos de nuevo, obtenemos Sus atributos.

Fruto Podrido

Ahora, el diablo sabe que amor, gozo, paz, paciencia, benignidad, bondad, fe, mansedumbre y templanza, todos son fruto del Espíritu. Él odia cada uno de esos atributos porque son parte de los atributos de Dios.

Así es que, ¿Como el diablo reacciona al amor? Él trata de sembrar una semilla de odio en tu corazón.

El diablo reacciona al gozo espiritual con depresiones naturales.

Él responde a la paz espiritual con ansiedad natural.

Él responde a la paciencia espiritual con impaciencia natural.

Él responde a la benignidad espiritual con su indiferencia natural y egocentrismo.

Fe es reemplazado con temor.

Gentileza es reemplazada por arrogancia.

Templanza es reemplazada por desenfreno.

El diablo trata fuertemente de robarnos el fruto precioso del Espíritu y reemplazarlo con su propio fruto podrido. Cuando veas sus atributos en tu vida, tú sabes que debes buscar a Dios.

¡Ora, lee la Palabra, y haz una decisión consiente para que dejes salir lo que ya está en ti! Por eso es que Dios le llama fruto. Está dentro de ti en forma de semilla, pero cuando tú lo riegas con la Palabra y te comunicas con Dios en oración, ese fruto comienza a crecer. ¡Pronto tú eres un árbol que está lleno con el buen fruto, el fruto de Dios!

El fruto de Dios te va a ayudar a tener una vida victoriosa. El diablo va a tratar de arrancar cada pieza del fruto que estás tratando de mostrar y él va tratar de parar el crecimiento del fruto que tú tienes dentro. ¡Él no quiere que muestres tu fruto!

¿Por qué? Porque amor, gozo, paz, paciencia, benignidad, bondad, fe, mansedumbre y templanza son atractivos a los no creyentes. Cada ser humano quiere amor. Todos queremos gozo y paz. La gente responde a gentileza. Ellos responden a bondad, fe, mansedumbre y templanza en sus vidas.

Piensa por un momento, ¿Has sido tú atraído a una persona deprimida? Algunas personas pareciera que les gusta la miseria, pero lo que realmente quieren es la atención que les va a traer. Eso, es realidad es un deseo de amor. ¿Has visto a una persona perder el control? ¡Sin nada de templanza, y pensaste! ¡Muchacho, a mi me gustaría ser como ese hombre! ¡Probablemente no! La gente que tú te encuentras en la vida van a ser atraídos al fruto del Espíritu que está en ti; Ellos va a ser ahuyentados de seguro por el fruto podrido y agrio de la carne.

Me Gusta el Fruto del Gozo

La gente siempre comenta del gozo en mi vida. Ellos son atraídos a eso. Pero yo no siempre fui una persona gozosa antes de aceptar a Jesús y empezara a orar, leer la Palabra de Dios y actuar en Sus enseñanzas. Así es como el fruto del Espíritu empezó a crecer en mi vida.

En un tiempo. yo tenía cero de paciencia. Hoy, soy mil veces más paciente de lo que era antes. Yo solía ser fácil para enfurecerme. Y le echaba la culpa a mi cultura cajún. Yo siempre decía, «No puedo contenerme. Tengo salsa de Tabasco corriendo en mis venas». Esto era solo una excusa para no desarrollar el fruto de templanza en mi vida. De vez en cuando fallo, pero Dios me ha traído lejos de donde estaba antes.

Yo no era cómico antes de ser salvo. Nunca me olvidaré cuando prediqué mi primer sermón y la gente empezó a reírse. Me enojé porque pensé que se burlaban de mí Después, yo le hablé a mi esposa, Cathy y ella me dijo, «¡Pero, Jesse, tú eres cómico!». pensé, *Yo no quiero ser cómico; yo quiero predicar la palabra!* Yo no entendía que era el fruto del Espíritu que se estaba manifestando en mi predicación. Estaba saliendo de mi corazón.

Antes de ser salvo, era serio, determinado y un hombre completamente enfocado. Después que nací de nuevo, Dios usó mi determinación y enfoque para Su beneficio. Él mantuvo mi seriedad, pero la dirigió hacia Sú Palabra y Sú llamado en mi vida. Pero, Él me añadió el gozo que no tenía antes. Él me añadió paz que nunca tuve. Él añadió amor por la gente que no conocía antes.

Antes de nacer de nuevo, ¡no quería la gente! Yo era un roquero y los entretenía y la única gente que amaba era la que venía a ver mi banda tocar. No amaba a los individuos. Amaba a la muchedumbre porque eso quería decir que iba a hacer más dinero. Yo vine de la pobreza y era en el éxito que yo estaba interesado.

La Fe Como la de Un Niño Funciona

Me di cuenta que mucha gente no cree que yo hablo con Dios de la manera que lo hago y que Él me habla de regreso, pero ¡eso no cambia el hecho de que Él lo hace!

La gente me pregunta todo el tiempo, «¿Hermano Jesse, de verdad Dios le habla a usted de la forma que lo hace?» ¡Sí, yo le hablo a Dios a mi manera, y Él me habla de regreso de la forma que yo le puedo entender! Él no me habla en otro lenguaje; ¡Él habla mi lenguaje! Algunas veces, Él tira algunas palabras como «vosotros» o «estáis». No se porqué lo hace, simplemente lo hace. Tal ves es porque así oigo mejor algunas veces. ¡Yo no se!

Yo no predico para convencer a los escépticos. Yo solo le digo a la gente lo que Dios ha hecho en la Biblia y lo que Dios puede hacer para ellos. ¡No puedo contenerme si soy lo suficiente loco para creer la Palabra de Dios! ¡No me culpes! Yo solo creo lo que Él dijo. ¡Esa es mi fe de niño trabajando y funciona!

Jesús Nunca Trató de Convencer a la Gente

Cuando yo leo los Evangelios, nunca leo de Jesús insistiendo a nadie a que creyeran cualquier cosa. Él dijo, «Cuando ustedes me ven a mi, están viendo al Padre». Punto y aparte. Ellos respondieron, «Nosotros no lo creemos». Jesús no respondió porque eso no hacía ninguna diferencia, si creían o no creían. Era verdad de todas formas.

Jesús no es el Hijo de Dios solo porque la gente cree que Él es el Hijo de Dios. Él es el Hijo de Dios. ¡Punto y aparte!

Yo trato de seguir Su ejemplo, y no trato de convencer a la gente que oigo la voz de Dios. Que los escépticos crean lo que quieran creer que usualmente va a ser nada. ¡Cuando ellos sean atacados con un problema, van a clamar al nombre de Dios! Siempre es así.

Algunas personas no quieren nada que ver contigo si eres un predicador, hasta que se encuentran con una tragedia, la gente corre a Dios. Esto es un hecho. Yo he visto esto pasar en los aviones. La gente puede estar maldiciendo como una tormenta un minuto, pero cuando el avión empieza a tambalearse por el mal tiempo, tú los oyes gritar, «¡OH, Dios!» o «¡OH, Jesús!»

¡El nombre de Dios es mencionado por todo el avión!

Ahora, yo nunca he escuchado a alguien decir, «¡OH, Buda!" "¡OH, Muhammad! "¡OH, Diosa!" No,

Tú oyes, «¡Jesucristo!» o «¡OH, Jesús!» «¡Dios ayúdanos!» ¿Te has preguntado por qué? Porque en el corazón de la gente, en realidad no hay incredulidad de Dios. La gente sabe en sus corazones que Dios existe. Talvez ellos van a negarlo con su intelecto; pero, de sus corazones van a clamar a Dios. Dios sabe esto, y es por eso, que nunca vas a leer pasajes en la Biblia que estén tratando de convencerte de que Dios existe.

Dios sabe que tú ya sabes que Él existe. Algunos se desviarán de eso, pero en su interior lo saben. ¡Aún un ateo va a clamar al nombre de Dios durante un accidente de avión! Porque viene de su corazón. Saldrá talvez por miedo. ¡Pero sale, créeme!

Personalmente, yo no trato de convencer a todo el mundo, lo que yo creo concerniente a la Palabra. Yo solo predico lo que yo creo que dice. Cuando viene a temas controversiales, si alguien tiene una fuerte opinión que no es mía, yo no los fastidio hasta que ellos concedan y digan, "¡muy bien, muy bien, yo creo lo que tú dices!

Para mi, no es acerca de convencer a otros. Es acerca de hablar la verdad y dejar que la persona escoja lo que quiere creer y recibir. Dios le da a la gente la libertad de escoger en todas las cosas, por lo tanto, lo que menos podemos hacer es seguir Su ejemplo en esto.

Si tú tienes familiares que tú sabes que necesitan a Cristo, te tienes que dar cuenta que todo lo que tú puedes hacer es compartir con ellos lo que tú sabes y orar por ellos. Es decisión de ellos el creer y recibir la Palabra de verdad. Tenemos que dejar a la gente el derecho de escoger lo que quieran creer y nunca fastidiarlos o tratar de convencerlos de la verdad. Pero, ¡tampoco suavizar lo que tú crees!

¡No me mal interpretes tampoco; ¡Yo no diluyo lo que creo solo porque a alguien no le gusta! Pero, me doy cuenta que es su decisión y yo no soy el que va a convencer su corazón. Eso es uno de los trabajos del Espíritu Santo, yo solo arruinaría la situación si yo tratara de hacer el papel de Dios.

El Poder del Entendimiento

El escuchar la voz de Dios y entender sus mandamientos, es lo que nos ayuda a tener éxito en cada área de la vida. Mateo 13:23 dice, «*Mas el que fue sembrado en buena tierra, éste es el que **oye** y **entiende** la palabra, y da fruto; y produce a ciento, a sesenta, y a treinta por uno*».

Algunas veces podemos oír la sabiduría de la Palabra; pero, no tomamos el tiempo para orar realmente al respecto y dejarla que se asiente en nuestro espíritu para que tengamos un real entendimiento de ella. Somos como niños con pistolas, preguntando, «¿Donde está el gatillo, mamá?». Tenemos todo el poder en el mundo en nuestras manos, pero no sabemos como usarla, esto no nos sirve de nada.

Yo creo que tenemos el poder de Dios y todo lo que necesitamos para vivir bien, en la Biblia y en las enseñanzas de Jesús. Dios nos ha dado todo Su poder y la autoridad para usarla; pero, todavía estamos tratando de averiguar como funciona el gatillo de la pistola. Todavía estamos tratando de entenderlo.

Para hacer pensar a la gente que ellos sabían algo de Dios, las iglesias salieron con todo tipo de doctrinas. Algunos dijeron que, si tú orabas cierto número de oraciones, ibas a arreglar algunas cosas con Dios. Otros dijeron, que si tú te bautizabas de cierta manera, ibas a ir al cielo. Aún otros dijeron, si tú creías su credo en particular, ibas al cielo. si no, te ibas al infierno.

La gente dice toda clase de cosas, porque mientras ellos leen la Palabra y reciben la semilla, reamente no la entienden. No crece correctamente. Por lo tanto, no hay fruto o buenos resultados al final. No comas de ese tipo de siembra. No permitas a ti mismo llegar a ser dogmático a sus doctrinas. Sus siembras no tienen ninguna nutrición La Escritura en Mateo 13:23 dice, «*Da fruto y produce…*». Esto quiere decir que debemos *escuchar* la palabra, buscar a Dios para *entenderla*, y después «produce», o comparte las buenas nuevas con los demás.

Da Fruto y Produce

En una ocasión, en mis primeros años de ministerio, después de una reunión en la iglesia una señora vino a mí y dijo, "Hermano Jesse, quiero que usted ore por mi y me llene del Espíritu Santo." Yo recuerdo que apenas yo lo acababa de recibir de Dios. Me recuerdo que me tomó a mi una eternidad recibirlo.

Así es que dije, «Mire señora, yo he estado esperando por esto por años. Así es que, usted lo vas a tener que recibirlo por su cuenta. ¡Yo casi me mato tratando de obtenerlo para mi! Así es que, hágalo usted misma». Eso fue lo que le dije. ¡En serio! ¿Por qué? porque yo lo acababa de «producir» ese fruto para mí, pero no lo podía producir para nadie más todavía. ¡Tenía que obtener más entendimiento primero!

En ese tiempo en mi vida, había gente que pensaba, que porque yo era un predicador yo podía «producir» mi fe para cada fruto por. No, yo solo podía traer lo que tenía para empezar en esos primeros años.

Nunca me olvidaré cuando alguien me pidió que orara en fe con ella para que Dios le diera un millón de dólares. Le dije, «¡Déjame decirte algo hombre. ¡Si voy a creer por un millón de dólares, lo voy a creer para mi!» Fuí honesto, no podía creer para él. No tenía fe para eso todavía, y fuí honesto lo suficiente para decirlo, en lugar de estar parado en una oración vacía de «desacuerdo con la persona.

Hoy, tengo la fe para ese millón y más. Yo lo he creído para mi propia vida más de una vez, y Dios ha honrado mi fe. De hecho, mi fe ha crecido y crecido a lo largo que he estado caminando con Dios como mi habilidad de producir lo que se para los demás.

Comparte lo Que Sabes

Es mucho mejor compartir lo que sabes que guardarlo para tí mismo. El ser salvo es maravilloso; pero, el orar con alguien y guiarlo al Señor, ¡es increíble! Orar en el Espíritu Santo es un regalo invalorable; pero el orar con la gente para que reciban el bautismo del Espíritu Santo y oírlos hablar en lenguas por primera vez, bueno, ¡enciende un fuego dentro de tí que no puede ser apagado!

Dios va a mandar gente a tí, los que están hambrientos por el buen fruto. Eso es lo que Él hace por mí. Yo soy conocido por mi gozo. Dios me envía la gente más deprimida y entonces ellos toman una manzana de la energía del Espíritu Santo de mí y comen un poquito. Esa probadita del gozo de Dios, pone una chispa de energía de gozo en su caminar con Jesús.

Me dicen, «!hermano Jesse, usted me hace reír y me motiva!» Yo contesto, «Eso es porque tú estás comiendo de mi fruto». El gozo es un fruto del Espíritu, y yo tengo bastante de ello."

¿Estás Escuchando?

Tú puedes hacer bastantes cosas que la gente te pide que hagas. Grandes hombre y mujeres de Dios, les ha dado revelaciones de conocimiento en muchos temas en la Biblia. Pero, si tú las oyes y no entran en tu espíritu, nunca te va a dar los resultados que deseas. La Palabra tiene que ser oída, no solo con tus oídos, sino también con el espíritu.

Yo he aprendido algo durante mi crecimiento en el Señor, y es esto: El escuchar a Dios, es la cosa más importante que tú puedes hacer. Ahora, Algunas veces Dios me dice cosas que no quiero oír. El pequeño Samuel no quería oír lo que Dios le dijo. Él amaba a Elí y no quería hablar esa palabra de confirmación.

A mí no me gusta todo lo que Dios me dice, pero eso no cambia lo que Él dijo. Yo tengo que escuchar a Dios. Tú tienes que escuchar a Dios. Y eso quiere decir todo lo que Él te dice que hagas. Si no lo haces, eventualmente vas a ser agarrado en desobediencia, y la desobediencia te va a hacer caer en la vida.

Sea algo espiritual, físico, o financieramente, cuando tú desobedeces a Dios, te dejas a ti mismo abierto. No todo abierto a los ataques del diablo, porque él ataca de todas maneras, sino abierto a caer o rendirte a su tentación y ser desviado.

CAPÍTULO 14

Jesús Oye la Voz Audible de Dios

Algunas veces cuando una persona oye la voz audible de Dios, esto llama la atención del diablo. El diablo no es tonto, y él sabe que la persona que ha oído la voz de Dios, va a estar motivada y va a querer compartir el mensaje de Dios con los demás.

El diablo no quiere que eso suceda. Por lo tanto, él es rápido para tratar de robar cualquier cosa buena que Dios haya depositado en el corazón del oyente. Él puede atacar o tentar sin misericordia con la esperanza que el creyente dude a Dios, caiga en desobediencia y llegue a ser inefectivo en compartir el mensaje. Esta tentación, aún le sucedió a Jesús después de Sú bautismo.

¿Vez? Jesús quería ser bautizado, pero tubo un tiempo difícil convenciendo a Juan que lo hiciera. Juan era primo de Jesús y él pensaba que no era lo suficiente digno para bautizarlo.

Mateo 3:13,14 dice, «*Entonces Jesús vino de Galilea a Juan al Jordán, para ser bautizado por él. Mas Juan se le oponía, diciendo: Yo necesito ser bautizado por ti, ¿y tú vienes a mí?*»

Pero, Jesús rechazó el no como respuesta. Era el día de Sú bautizo y así tenía que ser. «*Pero Jesús le respondió: Deja ahora, porque así conviene que cumplamos toda justicia. Entonces le dejó*» (v. 15).

En otras palabras, «Yo se que no te parece bien, pero hazlo de todas maneras porque tengo que cumplir el plan justo de mi Padre." Por lo tanto, Juan lo hizo. Mientras tanto, Dios en el Cielo estaba observando todo esto. Así es como la Biblia lo describe:

> «*Y Jesús, después que fue bautizado, subió luego del agua; y he aquí los cielos le fueron abiertos, y vio al Espíritu de Dios que descendía como paloma, y venía sobre él. **Y hubo una voz de los cielos, que decía: Este es mi Hijo amado, en quien tengo complacencia**»*.
>
> Mateo 3:16,17

Quiero decir, aquí Dios está sentado en el Cielo observando a Su Hijo siendo bautizado y cuando Jesús sale del gua, !el Espíritu Santo cae en Él como una paloma¡ Y Dios empieza a hablar en voz alta desde el Cielo, y lo estoy parafraseando, «¡Miren todos! ¡Este es Mí Hijo a quien amo! ¡Estoy orgulloso de Él!» Este es un Papá orgulloso.

El Padre no se puede contener a sí mismo en el bautismo de Jesús. Él quiere que el mundo lo sepa con sus oídos físicos de que este hombre es Sú Hijo y que está complacido con Él.

Ahora, algo sucede cuando tú cumples el plan de Dios como Jesús lo hizo. Algo pasa cuando el Espíritu Santo de Dios cae en ti y Dios habla desde Su trono que Él está orgulloso de ti.

Tú atraes atención.

En el caso de Jesús, Él atrajo la atención de la gente viendo el bautismo. Todos oyeron la voz de Dios ese día. Pero, también atrajo la atención del diablo.

Atención del Diablo

La última escritura de Mateo 3 es el verso 17. Graba la voz audible de Dios sobre Jesús en Su bautizo. ¿Sabes qué dice el primer verso del capítulo 4?

«Entonces Jesús fue llevado por el Espíritu al desierto, para ser tentado por el diablo». (v.1).

Así es que Jesús sale del agua, y tan pronto sale del agua, es llevado por el Espíritu al desierto. Ahora, el diablo no viene a tentar a Jesús inmediatamente. Él espera un tiempo. Ahora, yo he estado en la Tierra Santa y he visto el desierto que esta escritura menciona, y no es un lugar muy atractivo. Es arena, dunas y rocas y no es nada refrescante. Jesús estaba ahí solo en el desierto por cuarenta días y cuarenta noches.

«Y después de haber ayunado cuarenta días y cuarenta noches, tuvo hambre». (v. 2).

¿Que es lo que Jesús está haciendo esos cuarenta días y noches? Él está ayunando. Se está preparando. Y tan pronto tiene hambre el diablo viene con sus tentaciones. Primero, lo tienta a que convierta las piedras en pan. Satanás es tramposo. Nota, él no viene a platicar con Jesús cuando Jesús esta fuerte, después que Él ha sido bautizado, ha tenido el Espíritu Santo descender sobre Él y oye la voz audible de Su padre. Él espera hasta que Jesús está en un estado débil *físicamente y hambriento. Él empieza con la comida.*

Después se mueve a tentar a Jesús acerca del amor salvador de Su Padre. Él lo trae a lo más alto del pináculo del templo y lo tienta a que salte, para probar a Dios si lo ama lo suficiente para salvarlo.

Por último, el diablo tienta a Jesús con todo lo que tiene. Él ofrece darle todos los reinos del mundo, con toda su gloria, si tan solo Jesús hiciera algo muy pequeño: inclinarse y adorar al diablo en privado. Esto, habría hecho a Jesús rey sobre todos los reinos y hubiera tenido todos los lujos conocidos para un rey.

Jesús no muerde el anzuelo. Él resiste la tentación y reprende a Satanás una y otra vez. En Mateo 4, Jesús responde diciendo esto,

---

«Escrito está: No sólo de pan vivirá el hombre, sino de toda palabra que sale de la boca de Dios." (v. 4).

A la segunda tentación responde, *«Escrito está también: No tentarás al Señor tu Dios." (v. 7).*

Y a la tercera reprende al diablo diciendo, *«...Vete, Satanás, porque escrito está: Al Señor tu Dios adorarás, y a él sólo servirás"* (v. 10).

¡Tres golpes y tú estás fuera, diablo!

Nota esto, Jesús siempre citaba la palabra al diablo en respuesta a las tentaciones. ¿Por qué? Porque aún Jesús sabía que para vencer la batalla de la tentación, tienes que hablar la Palabra. Eso es lo que funciona.

Cuando él tentó a Jesús con la comida, Jesús probablemente pensó, *Llegué a los cuarenta días sin comer, diablo. ¿Qué es lo que piensas, que no puedo hacerlo un día más? ¡Lárgate!*

¿Y el tratar de ponerle una trampa para que cometiera suicidio? Jesús pudo haber pensado, *Diablo, ¡tú estas viviendo una fantasía! ¡No soy estúpido como para brincar de la iglesia! ¡Yo no voy a tentar a Dios!*

¿Y la última tentación? La que el diablo le hubiera encantado que funcionara. El ser adorado, era lo que el diablo quería, y estaba dispuesto a darlo todo por eso. Pero Jesús no iba a hacerlo. ¡Él sabía quien era Su Padre! Tal ves Él no había sido honrado para presidir sobre todos los reinos del diablo todavía, pero Su Padre hizo la Tierra y tenía planes para ponerlo todo en su lugar.

Jesús iba a ser el Rey de reyes y Señor de señores. La cruz venía y pronto el plan de redención iba a estar en efecto. Y también Él sabía que más adelante en el futuro, Él iba a regresar de nuevo para continuar el plan de Dios para la tierra y para cumplir las profecías de los tiempos finales. Jesús sabía del plan de Dios para el hombre y Él sabía Su propio futuro, por lo tanto, Él no iba a aceptar la oferta del diablo por un reino falso.

Mateo 4:11 dice que después de las tentaciones, *«El diablo entonces le dejó; y he aquí vinieron ángeles y le servían»*. Los ángeles tuvieron que venir a ministrar a Jesús porque acababa de pasar una terrible experiencia.

Y todo empezó después que Él oyó la voz audible de Dios decir, «*Este es mi Hijo amado, en quien tengo complacencia*». (Mateo 3:17).

Aquí hay una lección. Primero, muestra qué preocupado estaba el diablo de ver al Hijo de Dios en la tierra. Él estaba inquieto. Él había estado teniendo virtualmente un reino libre en la tierra y estaba temblando con solo la idea de Dios mandar a Sú Hijo a la tierra.

Pon esa idea cerca de tu mente y ve el cuadro de Dios hablando desde Su trono, sobre Su extraordinario amor y orgullo por Jesús y tú de verdad puedes ver lo malo y lo bueno, lado a lado.

Te muestra la manera alentadora de Dios de amar, y el diablo engañador que toma nota cuando Dios habla.

CAPÍTULO 15

El Testimonio Interno

Otra forma que Dios habla a Su pueblo en su espíritu, es a través de lo que se llama el «testimonio interno». Años atrás, desperté una mañana con un severo peso en mi corazón. Me sentía bien físicamente. Mi ministerio estaba caminando maravillosamente, y todo estaba bien en mi vida personal. No habían problemas de ninguna clase y nadie en particular estaba en mi mente.

Todo estaba bien. Aún así tenía este peso en mi corazón, un sentir en mi espíritu, que no todo estaba bien. No se como explicarlo de otra manera, excepto decir, que era como un gran espacio vacío en mi corazón.

¿Te a pasado a ti algo similar? ¿Te has despertado y no estás enfermo de algo así, en términos de síntomas físicos que puedes ver en tu cuerpo, pero tienes ese peso en ti? Bueno, yo tenía eso esa mañana.

Traté de sacudirlo de mí, pero no podía. No era físico, emocional o peso mental. Yo sabía que era espiritual. Por lo tanto, figuré que, si era pesado, tenía que ser del diablo, y empecé a reprenderlo por tratar de oprimirme.

Dije, «Diablo, yo vengo a ti en el nombre de Jesús. Te ato, porque la Biblia dice que, si yo ato al hombre fuerte, entonces, yo puedo entrar a su casa y tomar todas sus posesiones. ¡Te amarro diablo del infierno! ¡Sal de aquí!». Pero nada cambiaba y el sentir de pesadez empeoraba.

No había nada malo en mí. Por lo tanto, continué atando al diablo como por cerca de treinta y cinco minutos. ¡Yo tenía más nudos en esa soga que tú te podrías imaginar!

Finalmente, paré de amarrar y comencé a orar, y entonces oí una suave, pero voz audible; Dios me estaba hablando.

«Jesse».

«¿Que?»

«¿Porqué me estás amarrando?»

«¿Te estoy amarrando Dios?"

«Sí» Él dijo, "Estoy usando tu espíritu ahora mismo con gemidos indecibles. Te estoy usando para hacer intercesión».

Oh, ahora entiendo. Dios me estaba enseñando algo que había leído en Romanos 8:26, «... *el Espíritu nos ayuda en nuestra debilidad; pues qué hemos de pedir como conviene, no lo sabemos, pero el Espíritu mismo intercede por nosotros con gemidos indecibles»."*

Ahora, el Espíritu Santo dentro de mí estaba usando mi espíritu para hacer oración intercesora, así mismo como la Escritura lo dice. No se trataba de mi mismo. No era para mi. El Espíritu Santo había decidido hacer equipo con mi espíritu para orar obviamente, en algún lugar, nuestras oraciones combinadas eran requeridas.

¡Wow!, pensé, *Estoy haciendo intercesión con gemidos indecibles.*

Debió haber sido una sesión de intercesión pesada porque mi corazón parecía como si un camión había pasado por encima. No se por quién Dios estaba intercediendo por mi. Pudo haber sido alguien en China. O pudo haber sido alguien a la vuelta de la esquina. O pudo haber sido tú. Pudo haber sido para mi. Pero, así de repente sentí que

Esta es una forma de comunicación que Él usa, para hablar directamente al espíritu de un individuo, para dejarle saber que algo está sucediendo que requiere oración profunda. Él lo hace de esa manera porque «...*pues qué hemos de pedir como conviene, no lo sabemos, pero el Espíritu mismo intercede por nosotros con gemidos indecibles»."* (Romanos 8:26). No sabemos como orar por ello como debería con nuestra mente, por eso, el Espíritu Santo sobrepasa nuestra mente y va directo a nuestro espíritu, donde empieza a «...*el Espíritu mismo intercede por nosotros con gemidos indecibles»* (Romanos 8:26).

Le he preguntado a las congregaciones que visito en mis viajes, que levanten sus manos si ellos han tenido esta experiencia. No mucha gente responde a esta pregunta, como aquellos que dicen que Dios se comunica con ellos por medio de las Escrituras. Tal ves porque, piensan que esa pesadez se debe al diablo y terminan reprendiéndolo como yo lo hice. o tal ves es porque ellos no creen que esa pesadez en sus espíritus no es el Espíritu Santo llamándolos a la oración intercesora.

Alertado a Parar y Orar

Otra forma que esto funciona, es cuando el Espíritu Santo dentro de tí está tratando de alertarte de algo. Por ejemplo, ¿has ido a una iglesia donde parece que nadie está de verdad alabando y adorando como usualmente lo hacen? Podrá ser normal de entrar a la adoración fácilmente, pero por alguna razón, hoy, nadie puede entrar muy bien. Tal ves pareciera como si fuera un servicio de adoración muerta.

Yo he visto esto pasar durante mis reuniones anteriormente. Si soy el anfitrión y el equipo de alabanza que está tocando es mi equipo, yo solo les digo a que paren. Tal ves los dejo que terminen el último canto, pero me levanto de nuevo y les digo que toquen cierto canto, uno que sea simple y fácil para que la gente cante con el grupo. Después le digo a la congregación que oren.

Cuando un cuerpo unido de creyentes empieza a orar, lo que esté estorbando va a (1) romperse bajo el poder de la oración, o (2) ser revelado por el poder del Espíritu Santo. De cualquier forma, el Espíritu Santo está dando la clave a todos de que algo necesita hacerse. Él está alertando a todos orar.

Alertado Por Dios

Otras veces, podrás despertarte a media noche y tener una profunda urgencia para orar. Esta es la forma que Dios se comunica contigo para dejarte saber que alguien necesita tus oraciones en ese momento. Es una tarea divina que es dada para hacer.

Tal ves tú no conocerás a la persona por la cual estás orando. Tal ves no vas a tener un sentir específico de la persona o circunstancias, pero tienes una urgencia de orar en ese preciso momento. O, el Espíritu Santo te va a dar una perspicacia a la situación o por la persona que tú estas orando. Tal ves vas a sentir que debes hacer algo al respecto

Es difícil para describir el sentido de urgencia en el espíritu de la persona para orar o hacer algo, es la forma de Dios para comunicarse con la gente. Es un sistema de alerta, que Él puso en el lugar, y se puede poner más fuerte entre más obedeces. Algunas veces esta alarma es fuerte. Otras veces es muy suave pero persistente prendiéndose y apagándose para que no pueda ser ignorada por ti.

Si Dios te habla de esta manera, es importante que no lo ignores. La persona o circunstancia es obviamente importante para que Él suene la alarma. Podría ser una situación de vida o muerte, y tu obediencia a orar o actuar podría hacer la diferencia.

CAPÍTULO 16

Palabras Sobrenaturales
de Sabiduría y Conocimiento

En las iglesias carismáticas a menudo se oye, «El hermano fulano de tal, anoche en la iglesia me dio una palabra». Para aquellos que no saben, esto se llama, recibir una «palabra de sabiduría o de conocimiento».

¿Que son esas «palabras» de Dios? Esos son dones del Espíritu Santo que Dios usa para comunicarse con nosotros. Estos dones divinos, son mencionados en 1 Corintios 12:8-10 y 12:28. Es cuando Dios usa a alguien más para darte Su mensaje divino.

La palabra que Dios te habla a través de otra persona podría ser una revelación sobrenatural de Su voluntad o plan. Podría ser un entendimiento sobrenatural de circunstancias en tu propia vida. Podría ser una palabra de fortaleza para ti enmedio de tiempos difíciles, o podría ser una palabra para guiarte a actuar con sabiduría. Podría ser una perspectiva divina de lo que está aconteciendo en tu vida. Esta forma de comunicación trata directamente con tu alma (tu mente, voluntad y emociones).

Ahora, algunas personas piensan que Dios no le gusta nuestra alma. Ellos piensan que Dios preferiría que fuésemos como robots, pero eso no es verdad. ¡Dios ama el alma! Él la creó. Además de eso, es ahí donde la decisión de aceptar la salvación es hecha. Dios ama tu mente, tu voluntad y emociones y solo quiere que esa parte vital de lo que eres sea fuerte y saludable. Esta es otra razón, porqué Él quiere que los incrédulos le conozcan.

Sin la presencia de Dios y Sus principios para vivir, nuestra mente está pesada y cargada, nuestra voluntad está débil o yendo en una dirección equivocada, y nuestras emociones están desbalanceadas e inestables. Dios sabe que de esa forma podemos ser y Él quiere ayudarnos a tener una buena vida. Por eso, Él te habla de esa forma algunas veces, para ayudarte.

Si tú has tenido a alguien que venga a tí en la iglesia, o alguien en el púlpito que te llame para darte una «palabra", Tú sabes que puede ser un tiempo emocionante. También te puede hacer sentir un poco nervioso. Usualmente estarás pensando, *¡Wow! ¿Qué es lo que Dios tiene para mi?* o, cambiar a pensamiento de juicio y pensar, *¿No es este un cristiano raro hablándome, o es esta una palabra real de Dios?*

Claro, debemos respetar la forma que Dios habla a través de palabra de conocimiento, sabiduría, y profecía. Pero también debemos darnos cuenta que la Biblia es la autoridad final para gobernar nuestras vidas. Aún cuando una palabra podrá venir de Dios y te podría fortalecer y darte dirección, debemos de entender que está siendo transmitida por un ser humano. Y ninguno de nosotros es perfecto. Sabiendo esto, es natural que tu mente quiera chequear esto.

Si tú no conoces la Palabra de Dios, tú podrías recibir una palabra engañadora y vivir una mentira y no darte cuenta. Recuerda que la Biblia dice en Oseas 4:6 que la gente es destruida por falta de conocimiento ¿Qué falta de conocimiento puede destruirnos más que otra cosa? ¡La falta de conocimiento de la Palabra de Dios!

Si tú te mantienes cerca de Dios, leyendo Su Palabra y hablando con Él a menudo, te va a ser más fácil conocer lo que es de Él y lo que no es de Él. Si tú estás teniendo una relación íntima con Él, inmediatamente vas a saber en tu espíritu si las palabras que están siendo habladas, es un mensaje de Dios o las buenas intenciones de un creyente mal guiado.

El punto es este, que hay algunos creyentes por ahí que creen que están escuchando a Dios y no es así. Consecuentemente muchos cristianos se hacen sospechosos en cuanto a aceptar cualquier cosa automáticamente, que una persona diga que Dios les dijo.

Es bueno ser cauteloso. ¡Necesitas ser sabio! Una persona sabia acepta lo que es bueno y sabe que viene de Dios, y desecha lo que es malo y conoce cuando es un error humano. Ahora, sí la palabra que está siendo traída no trae otra cosa que confusión y duda, deséchala. Yo llamo a eso separar el trigo de la cizaña, esto es bueno hacerlo. La Biblia confirma que la confusión no viene de Dios cuando dice, «... *Dios no es Dios de confusión, sino de paz. Como en todas las iglesias de los santos*» (1 Corintios 14:33).

Palabras de un Joven Predicador

Muchos años atrás, un joven predicador se acercó a mí con una palabra de conocimiento. Él apenas estaba empezando y parecía que me tenía admiración. Él se puso a hablar de como le gustaba mi ministerio.

«OH, hermano Jesse» me dijo, «Me gusta tanto su ministerio hermano Jesse. Le digo una cosa, Usted me ha ayudado tanto. Usted es una bendición para mi».

Le dije, «Bueno, gracias» Él interrumpió, "¡Yo solo quiero ser como usted, hermano Jesse, como usted!»

«Detente» le contesté, «Tú no quieres ser como yo, porque yo cometo errores. Tú quieres ser como Cristo, porque Él no comete ningún error. Pero, gracias por decirme cuanto te gusta mi ministerio».

Él afirmó con la cabeza y nerviosamente me miró, y habló de nuevo, «Hermano Jesse, yo no se si esta es la voz de Dios o no, pero Dios tiene una palabra para usted.»

Pensé dentro de mi, Bueno, *muchacho, si esto es bueno, lo voy a aceptar. Lo voy a poner en el estante de mi mente, y orar para que funcione. Si estoy inseguro, solo lo pondré por allá atrás del estante de mi mente. Y si no da testimonio en mi espíritu, lo voy a desechar y continuar con mis negocios.* ¡Hey! No te enojes conmigo por pensar de esa manera. ¡Mucha gente piensa así!

Por lo tanto, miré al muchacho y le dije, «Muy bien, dime lo que tienes."

Él dijo, «Yo no se hermano Jesse. Júzguelo después».

Pensé dentro de mi, *seguramente que lo haré.* Pero le dije, «¿Que fue lo que el Señor te dijo?»

Nerviosamente, él comenzó, "No se si es de Dios o no. Yo soy nuevo en estas cosas, pero solo quiero que escuche. El Señor me dijo que le dijera que el diablo no puede estar enfrente de usted. Usted le pasa por encima. Usted le patea la cabeza. Usted solo pasa por encima de él con todo lo que tiene y usted lo vence».

Yo pensé, *¡Hombre, este muchacho lo tiene todo en orden! ¡Dame más!*

Él dijo, «usted pasa por encima de él. Cada vez que saca su horrible cabeza, usted lo ata y usted continúa haciendo las cosas que Dios le dijo que haga».

Grandioso, pensé, *tú estás en lo correcto, muchacho.*

Entonces él continuó, «Le da eso testimonio a usted, ¿hermano Jesse?».

«Hijo», le dije, «Esa es revelación de conocimiento. Tú estás en lo correcto."

«Muy bien, ahora le voy a decir qué más me dijo. Dios me dijo que el diablo ha dejado de ponerse enfrente de usted y ha empezado a ponerse detrás de usted. Él ha empezado a empujarle duro diciendo, 'Vamos muchacho, predica, Jesse. Dormir, ¿por qué debes dormir? Tú eres un hombre de fe; tú no necesitas dormir. Hay mucha gente muriéndose y yendo al infierno, y ¿tú estas tratando de darle un descanso a tu cuerpo? ¿Qué es lo que te pasa? ¡Levántate, ve a predicar este evangelio. Hay gente muriéndose yendo al infierno en este momento, y tú necesitas ir allá. Tú no necesitas dormir. Tú no necesitas dormir'».

Él pausó, y yo no se si mi quijada estaba en el suelo, pero solo me quedé quieto escuchando.

Él continuó, «¿Ve usted hermano Jesse? El diablo no le puede derrotar en frente de usted, por lo tanto, él se ha puesto detrás de usted y lo a estado empujado. ¿Es eso verdad?».

Este muchacho había dado en el clavo. Yo solo afirmé con la cabeza porque sabía que esto era de Dios. ¿Vez? durante esos tiempos, yo dormía un promedio de dos horas y media por noche. Estaba predicando sin parar todas las noches y hasta cinco veces los domingos, con servicios múltiples. Cuando llegaba al cuarto del hotel, no me dejaba descansar a mi mismo. Leía la Biblia, miraba televisión, y preparaba sermones o cualquier otra cosa. Siempre me estaba moviendo.

Cuando ya me iba a la cama, me acostaba y dejaba que mi mente corriera pensando de todo lo que necesitaba hacer, lo que quería hacer, o lo que ya había hecho. Sentía la presión de predicar, predicar y predicar un poco más. Sentía el empuje de ir e ir. Yo no pensaba que eso era del diablo. Pensé que solo era mi tenacidad de hacer lo que Dios me había dicho que hiciera.

Cuando llegaba a casa, mi esposa tenía que tirarme a la cama. Estaba destrozado en pedazos. A la mañana siguiente, me despertaba después de dos horas de dormir y otra vez, daba mi todo después. Mi cuerpo se estaba desgastando, no lo estaba escuchando y no me estaba deteniendo. Estaba viviendo una vida sin sabiduría, para un hombre de Dios.

Nunca me olvidaré de lo último que este joven predicador me dijo. Él terminó sus palabras de Dios diciéndome, «Hermano Jesse, usted no va poder completar su ministerio, hasta que aprenda a descansar su cuerpo ».

¡Wow! Cuando Dios habla tan claro como eso, no tienes porqué pesar las palabras en una balanza por una hora para estar seguro si es de Él. Simplemente le dije, «Gracias, sí fue de Dios y lo recibo». Él me dio la mano y se fue.

Ahora, este era un muchacho predicador joven que apenas estaba empezando. Yo ya había estado predicando por años. Dios usó a este muchacho para pasarme una palabra importante de sabiduría. Y mientras pensaba en esa palabra de sabiduría, pensé en los tiempos que Dios había usado a otros para decirme que descansara. Recordaba como ciertos ministros de la fe que yo estimaba mucho me decían que yo necesitaba descansar. Yo los respetaba muchísimo cuando se trataba de cosas espirituales, pero no podía recibir esta sabiduría práctica.

Yo recuerdo que uno de ellos me dijo, «El Señor me dijo que te dijera, duerme, Jesse». Yo no se por qué no escuche a eso. Nadie podía razonar conmigo porque el descanso no era importante para mi. Yo tenía un trabajo que cumplir para Dios. Yo sentía la presión de mantenerme con un ritmo y nunca parar.

Aún mi esposa me preguntaba, «¿Jesse, por qué tú no descansas»?

«¿Descansar mujer? ¡El descanso es para el afligido! ¡Yo no estoy afligido!»

¿Pero Jesse", ella decía, «Tu te miras diez años más viejo de lo que deberías verte? Necesitas descansar».

«¡Yo prefiero quemarme que oxidarme!» le contestaba.

Mientras yo consideraba todo esto, de repente empecé a pensar de mi cuerpo y como me había estado dando problemas. Había estado teniendo dolores en mi pecho y los estaba ignorando. Dios me había hablado aún cuando oraba, pero no le escuchaba.

Por lo tanto, cuando Él no podía llegar a mi a través de mi espíritu y tampoco podía llegar a mi a través de aquellos que yo respetaba en el ministerio, o aún mi esposa, Él mandó a un predicador joven para hablarme, a compartirme el escenario, apelar directamente con mi alma (mente, voluntad y emociones), y para hacer un cambio. Y cuando mi mente vio el escenario espiritual que este joven pintó para mí, entendí y acepté la advertencia de Dios.

Ahora, no estoy tan mal como antes estaba, pero todavía es una batalla para mí algunas veces bajar la velocidad. Me encuentro otra vez agarrando velocidad, y entonces recuerdo la palabra de sabiduría, y descanso mi cuerpo. Pero, déjame decirte algo, hoy toma aún más descanso para descansar que en esos años, cuando oí esas palabras años atrás, porque ahora estoy más viejo. Pero trato de dormir lo suficiente cada noche, y ya que ahora, Dios me proveyó con un avión que me ayuda a mantener mi horario tan ocupado mientras estoy en la casa, casi cada noche para dormir en mi propia cama. Eso hace una diferencia.

Ahora, casi nunca predico cinco servicios el domingo, al menos Dios me lo haga claro que eso es lo que Él quiere que haga. Pero eso es raro. He aprendido a aceptar que Él es mi Creador, Él conoce mi cuerpo, y Su plan es el mejor plan para mi vida.

CAPÍTULO 17

Dios Habla a Través de la Profecía

Otro don del Espíritu Santo que Dios usa para hablarle a Su pueblo, es el don de la profecía. (1 Corintios 12:8-10, 28). A esto es también llamado simplemente, »recibir una palabra». La diferencia es cuando tú recibes una de estas palabras, es basada en el futuro y Dios está usando a alguien para proclamar lo que Él a planeado.

Palabras de profecía son a menudo enviadas fuertemente y algunas veces son habladas por un profeta Dios. El ministerio Quíntuple de Dios, que es como la rama ejecutiva del gobierno de Dios, está listada en Efesios 4:11,12: *«Y él mismo constituyó a unos, apóstoles; a otros, profetas; a otros, evangelistas; a otros, pastores y maestros, a fin de perfeccionar a los santos para la obra del ministerio, para la edificación del cuerpo de Cristo».*

Pero, así como un evangelista no es el único que puede llevar a alguien a orar para salvación, igualmente, una palabra de profecía no tiene que venir solamente de un profeta. Cuáquera que esté lleno del Espíritu Santo, de acuerdo a 1 de Corintios 14:31, puede dar una palabra profética que enseñe y exhorte, mientras Dios habla a ellos:

«Porque podéis profetizar todos uno por uno, para que todos aprendan, y todos sean exhortados».

Dios puede usar esta manera para hablar algo bueno acerca de tu futuro y para animarte, a que te mantengas cerca a Él para verlo cumplido. Esto no es algo síquico, ¡es Dios trabajando!

Algunas personas oyen una palabra de profecía y piensan que va a cumplirse, no importando lo que ellos hagan. Esto no es verdad. No se trata de destino. Es simplemente Dios diciéndote, "Este es mi plan para ti. Mantente cerca de mi y no te salgas de la línea y lo vas a ver cumplirse».

Si decides separarte de Dios y decides no obedecerle, estás poniendo tu voluntad sobre la de Él. No vas a estar yendo en la dirección del plan de Dios para tu vida y por lo tanto, la profecía no va a cumplirse.

Pero, si te mantienes en línea con Dios, vas a ver esa profecía cumplirse. No quiere decir que vivas en un monasterio en algún lado; solo quiere decir que vivas tu vida normal, pero, incluye a Dios todos los días. Lee tu Biblia, trata de hacer lo que dice, ora, y trata a los demás como quieras que tú seas tratado.

Falsos Profetas

En las Escrituras del Antiguo Testamento de Deuteronomio 13:1-5, vas a ver que había muchos falsos profetas que hacían señales y prodigios para atraer a los creyentes y alejarlos de Dios y las enseñanzas de la Biblia. El punto es, que cualquier cosa que te aparte de la verdad de la Biblia nos es del Espíritu Santo. La verdadera profecía siempre va a estar de acuerdo con la Biblia.

En el Nuevo Testamento, dice que hay tres propósitos claros para la profecía. Ellos son (1) edificación, (2) exhortación, y (3) consuelo «*Pero el que profetiza habla a los hombres para edificación, exhortación y consolación*» (1 Corintios 14:3). Edificación quiere decir, edificar o confirmar y exhortación quiere decir, dar consolación o consuelo.

Para juzgar si una profecía es de Dios, hazte estas preguntas: ¿Me edifica esta profecía? ¿Confirma esta profecía algo que ya he oído antes del Señor? ¿Me da consolación? La falsa profecía condena, sale "de repente", y te da lo opuesto a consuelo. La verdadera profecía siempre va a edificar, exhortar, y consolarte.

Otra cosa que la verdadera profecía trae es, libertad o liberación a la vida de la persona que recibe. Segunda de Corintios confirma esto cuando dice, «*Porque el Señor es el Espíritu; y donde está el Espíritu del Señor, allí hay libertad*».

La profecía falsa trae lo opuesto a libertad o liberación a nuestras vidas. ¡Trae esclavitud! Pero, sabemos por Romanos 8:15 que Dios no promueve esclavitud: «*Pues no habéis recibido el espíritu de esclavitud para estar otra vez en temor, sino que habéis recibido el espíritu de adopción, por el cual clamamos: ¡Abba, Padre!*».

Primera de Corintios 14:33 también nos dice, «*Pues Dios no es Dios de confusión, sino de paz. Como en todas las iglesias de los santos*». Por lo tanto, te puedes preguntar: ¿Me amarra esta profecía y me da temor? O, ¿me suelta de mis temores y me liberta? ¿Me trae confusión o me da paz y seguridad?

Otra forma de chequear la valides de una profecía personal, es chequear la persona que te lo está dando. Jesús nos advirtió acerca de falsos profetas en este pasaje de la Escritura:

> «*Guardaos de los falsos profetas, que vienen a vosotros con vestidos de ovejas, pero por dentro son lobos rapaces*».

> *Por sus frutos los conoceréis. ¿Acaso se recogen uvas de los espinos, o higos de los abrojos? Así, todo buen árbol da buenos frutos, pero el árbol malo da frutos malos. No puede el buen árbol dar malos frutos, ni el árbol malo dar*

frutos buenos. Todo árbol que no da buen fruto, es cortado y echado en el fuego." Así que, por sus frutos los conoceréis».

Mateo 7:15-20

Otra clave la podemos encontrar en 2 Pedro 2:1-3. Ahí dice que los falsos profetas pueden ser reconocidos cuando ellos hablan *herejías* y explotan a los demás haciendo de ellos *mercadería.*

Cuando se trata de juzgar la profecía, es siempre bueno saber que tú siempre vas a tener al Espíritu Santo que te va a ayudar a discernir lo que es verdadero y lo que es falso. Primera de Juan 2:20 te debe dar seria consolación. Dice, *«Pero vosotros tenéis la unción del Santo, y conocéis todas las cosas».* La palabra *unción* quiere decir lo mismo que *ungir*, concerniente a la profecía, que somos ungidos para discernir *todas* las cosas.

Si tú recibes una profecía personal y recibes una alerta en tu espíritu de que algo no está bien, es importante que no descartes tu «unción». En lugar, ¡funciona en tu unción! Deja que el Espíritu Santo fluya en tí y te ayude a discernir si la profecía es del Señor o no.

Recuerda, aunque por ahí hay andan falsos profetas, algunas veces son los cristianos inconscientes de los hechos verdaderos, quienes ellos mismos permiten el escuchar a otros espíritus y repiten palabras que no son de Dios. ¡No quiere decir que ellos son diablos del infierno! Solo quiere decir que escucharon al espíritu equivocado y erran. Otras veces falsas profecías vienen de cristianos que se emocionan, que está escuchando de Dios y deciden agregarle un ¡poquito de sus propias opiniones!

Tú vas a saber cuando esto esté pasando, cuando te están dando una palabra que está en línea con lo que Dios está haciendo y «da en el blanco» al principio; pero, entonces toma una desviación en el camino y termina equivocadamente ¡como un billete de tres dólares! Cuando esto pase, no te preocupes. Solo recibe lo que es bueno y desecha lo que es malo, sabiendo que el que te está profetizando es humano y se emocionó. Como un hijo de Dios comprado con la sangre, tú eres completamente hábil para reconocer lo que es de Dios y lo que no es Dios.

Palabras Falsas No Son el Plan de Dios

Algunas veces hay gente que no conocen a Dios y aún así podrían decirte acerca de eventos en el futuro. Pero créeme, ellos no están obteniendo la información de *tu* Dios.

También había gente así en los tiempos de la Biblia, la Palabra nos dice que ellos tienen "espíritus familiares." Los espíritus familiares que están entre ellos o alrededor de ellos les dicen lo que hay por delante. Levíticos 19:31 nos advierte, «*No os volváis a los encantadores ni a los adivinos; no los consultéis, contaminándoos con ellos. Yo Jehová vuestro Dios*». Los adivinos en la Biblia son aquellos que invocaban a los espíritus. Dios dijo:

> «*No sea hallado en ti quien haga pasar a su hijo o a su hija por el fuego, ni quien practique adivinación, ni agorero, ni sortílego, ni hechicero, ni encantador, ni adivino, ni mago, ni quien consulte a los muertos. Porque es abominación para con Jehová cualquiera que hace estas cosas, y por estas abominaciones Jehová tu Dios echa estas naciones de delante de ti*».

"Perfecto serás delante de Jehová tu Dios.

Deuteronomio 18:10-13

Había toda clase de prácticas en la Biblia, que Dios no quería que Su pueblo hiciera o tuvieran parte. Los nombres de dichas prácticas talvez cambiaron para nuestros días, pero las instrucciones de Dios han permanecido igual. Mucha gente sabe en su corazón que esas cosas son malas ante Dios. Pero para simplificarlo todo, Dios escribió todo lo que se supone que tú debes de evadir.

Hacer que tus hijos pasen por el fuego es obviamente malo. Usar adivinación como una forma para consultar oráculos o medios que eran como los profetas de otros dioses. Ellos se suponían hablar con los dioses y después decirte lo que ellos habían dicho. Los encantadores eran aquellos que buscaban el fascinarte por medio de echar maleficios. Aquellos con espíritus familiares decían el futuro. Las necromancías vivían de buscar las almas de los muertos. Todas estas cosas son las formas del diablo para falsificar los medios perfectos de Dios para hablarle a Su pueblo. El seguir las prácticas falsas del diablo no es la voluntad de Dios para tu vida.

La última parte de este pasaje de las Escrituras, te deja saber que tú no necesitas nada de estas cosas para ser perfecto ante los ojos de Dios. La palabra «perfecto» es traducida de la palabra *tamiym* que quiere decir, estar completamente (literalmente, figurativamente o moralmente); también (como sustantivo) integridad, verdad: RV-- sin mancha, completo, lleno, perfecto sinceramente (-idad), firme, sin mancha, recto, completo.

El ser entero quiere decir completo. Tener integridad y conocer la verdad, ser una persona firme que es sincera y recta. ¡Eso es lo que Dios quiere que seas!

CAPÍTULO 18

Dale Toda la Gloria a Dios

Dios se enfoca en lo sobrenatural. El hombre tiende a enfocarse en lo espectacular.

Lo espectacular es lo que trae gloria al hombre; pero es lo sobrenatural que trae gloria a Dios. Cuando Dios habla por medio de una persona, es Dios quien debe recibir la gloria por la palabra, no el hombre o la persona dándola.

A pesar de que los dones sobrenaturales del Espíritu Santo son maravillosos y debemos de emocionarnos cuando esto sucede, no debemos de enfocarnos en la persona que esta transmitiendo el mensaje. Debemos de enfocarnos en Dios. Si el enfoque está solo en la persona dando la palabra, entonces la gente va a ver a la persona en lugar de Dios. Y eso no es bueno.

Algunas veces veo a ministros en televisión, que sus programas sólo consisten en mostrar a la gente que ellos reciben palabras del ministro o sanidad a través del ministerio del hombre. No hay sermón, no hay lectura de la Biblia o enseñanza, y no hay adoración a Dios. Solo hay milagro tras milagro o palabra de conocimiento tras palabra. Es maravilloso ver a la gente sanarse y ver a la gente fluir con los dones del Espíritu; pero solo enfocarse en los milagros sin la Palabra, tiende a traer la gloria al hombre.

Jesús no hizo eso, sino que siempre le dio la gloria a Su Padre. Él es el gran médico, aún así escogió lo sobrenatural en lugar de lo espectacular. Si tú lees a través de los Evangelios, vas a oírlo decir, «No le digas a nadie» una y otra vez. En otras palabras, «¡Calla!» ¿por qué decía eso? Para no traer la atención a Él mismo.

Yo pienso que la razón era porque no quería atención, ¡Él sabía que estaba dirigiéndose a la cruz y no quería ir antes de lo necesario! Esos Fariseos eran definitivamente malos y no les gustaba la atención que Jesús estaba recibiendo de la gente, porque ellos querían retener el poder del público en sus manos. No querían que Jesús tuviera ese poder del público detrás de Él. Jesús tenía un trabajo que hacer en la tierra y no quería que el hambre de poder, de los Fariseos, se pusiera en Su camino a cumplir Su llamado.

Pero, también vas a notar mientras lees los Evangelios, todas las veces que Jesús hizo referencia a Su Padre. Lo hacía todo el tiempo. Le decían, «OH Jesús, eres un gran hacedor de milagros». Jesús decía, «No soy Yo que hace las obras, sino mi Padre que hace las obras». Él trataba con lo sobrenatural, pero no trataba con lo espectacular.

Jesús no ponía un evento teatral, con luces, y un llamado a todos aquellos que habían sido sanados a través de Su ministerio. Cuando yo veo esto pasar en los ministerios hoy en día, me pregunto, "¿cual es el motivo? ¿Por qué es del milagro que se habla? ¿Para mostrarle a la gente que por las heridas de Jesús somos sanados y traerle la gloria a Dios? o ¿para mostrar que esta persona en particular tiene un ministerio espectacular?

Jesús sanaba, pero también predicaba y sobre todo, continuamente Él le daba la gloria al Padre. Él continuamente cambiaba la atención al Padre. Él nos enseño a hacer esto en Su Palabra y por Su ejemplo.

Esto quiere decir que le debemos darle la gloria a Dios en cada oportunidad que tengamos. Si sucede una sanidad, dale la gloria a Dios. Si una palabra es dada, dale la gloria a Dios. Si tú tienes una palabra para dar, háblala y dale la gloria a Dios.

Dando Una Palabra

Cuando tú estas hablando por Dios, como dando una palabra de sabiduría o conocimiento, o profecía, ten cuidado con lo que estás diciendo. Tú estas tratando con palabras santas. No le debes de añadir a lo que Dios te está dando, o dejar algo fuera.

Y si tú recibes una palabra de conocimiento, sabiduría o profecía, ¡no debes cambiar toda tu vida basada en esa palabra solamente! ¡Hombre, nunca cometas ese error! El construir tu vida en los dones del Espíritu, dando palabra o recibiendo palabra, realmente no es sabio, porque estás tratando con gente y algunas veces la gente se equivoca, o añadan algo a lo que Dios dijo. No lo deseches todo, porque es de Dios y te puede ayudar en tu vida. Pero tampoco hagas el dar o recibir palabras, el medio más importante de hablar con Dios.

La Biblia es llamada la «Palabra de Dios" por alguna razón. Es el libro de Dios con palabras para la gente. Segunda de Timoteo 3:16,17 dice, «*Toda la Escritura es inspirada por Dios, y útil para enseñar, para redargüir, para corregir, para instruir en justicia, a fin de que el hombre de Dios sea perfecto, enteramente preparado para toda buena obra*».

Piensa de esta manera: la comida principal es la Escritura, y la palabra de conocimiento, sabiduría y profecía son como suplementos o platillos que complementan la cena principal. Son maneras adicionales que Dios usa para nutrirnos, guiarnos, animarnos e inspirarnos en la vida.

Yo amo los dones del Espíritu, pero nunca he construido mi ministerio sobre ellos, a pesar de que me muevo fuertemente en ellos durante mis reuniones. A menudo tengo palabras muy específicas de conocimiento, sabiduría y profecía para la gente en mis reuniones. Estas son palabras que yo se que Dios está hablando a mi corazón para transmitir a su pueblo. Pero, a pesar de que es maravilloso y mucha gente es bendecidas por ello, no es lo que me enfoco. No es el fundamento de mi ministerio.

¡En mi ministerio y en lo personal, el fundamento es el mismo: las enseñanzas de Jesús y el resto de la Biblia! Cualquier palabra que va en contra de eso, bueno, la echo afuera por la puerta sin pensarlo dos veces. La Palabra de Dios es mi autoridad final.

CAPÍTULO 19

Dios Habla a Través de Sueños

Otra manera que Dios habla a Su pueblo es por medio de sueños y visiones. ¡Una vez estaba durmiendo y soñando que yo estaba predicando! ¡Hombre, saliva volaba por todos lados! Estaba predicando tan bien que parecía un motor.

En mi sueño, estaba repitiendo la misma frase una y otra vez. Yo repetía la frase, «¡Cuando tú entiendes la Palabra de Dios, tienes que correr, inmovilizar y finalizar!»

No era como que estaba predicando, pero estaba parado a un lado y viéndome a mi mismo predicar. Oía mi voz repetir las palabras, «¡Vigorizar!» «¡Inmovilizar!» y «¡Finalizar!»

De repente, enmedio del sueño, desperté y me encontré parado enmedio de mi cama. El ventilador arriba de la cama estaba trabajando en velocidad baja, pero, ¡estaba tocando la parte de arriba de mi pelo! Mi esposa, Cathy, despertó en ese momento y me vio que tan cerca que estaba del ventilador de mi cabeza. Ella gritó, «¡Bájate, Jesse!»

Muchacho, ¡fue un sueño de Dios! En efecto, cuando desperté estaba apuntando con mi dedo índice al cielo y moviéndolo para arriba y para abajo mientras predicaba. Dios, de seguro me estaba cuidando, porque cada vez que levantaba mi mano hacia arriba, coincidía con la rotación de la hoja del ventilador en la dirección correcta. ¡Movía mi dedo hacia arriba entre las hojas del ventilador y lo bajaba en el momento preciso antes que me diera el ventilador en la mano!

Efectivamente, no mucho tiempo después de este sueño me encontré en un avivamiento predicando, con el sudor rodando detrás de mis piernas y ¡saliva volando por todos lados! Enmedio de mi sermón, Dios trajo las palabras a mi memoria, «¡Cuando tú entiendes la Palabra de Dios, tienes que vigorizar, inmovilizar y finalizar!» Hablé esas palabras y de mi espíritu, salió un sermón que era tan fuerte que la gente estaba de pie gritando, «¡Gloria!» y «¡Aleluya!»

Empecé a fluir en el espíritu, predicando en entender la Palabra de Dios para que tú puedas vigorizarte para actuar sobre ella, inmovilizar los planes del diablo para derrotarte, y ¡finalizar tú victoria en Jesús!

Yo no planeé el sermón. Yo no lo escribí. Yo no hice un estudio sobre el. Salió directamente de mi espíritu, porque había sido depositado ahí en un sueño de Dios. Era algo que la gente necesitaba escuchar esa noche, y Dios lo sacó en el momento preciso. Esta es una forma que Dios habla a Su pueblo. Él me hablo de esa manera y yo se lo transmití a Su pueblo esa noche en esa carpa. ¡Qué noche!

Una Comunicación Válida

En la Biblia, puedes investigar muchas historias en las cuales Dios usó sueños para hablarle a Su pueblo. Esta es una forma válida que Dios habla con nosotros.

En el Antiguo Testamento, fue usado a menudo como una manera que Dios se comunicaba con Su pueblo. Es una manera válida que

Dios nos habla. En Números 12:6, Dios dio validez al sueño y la visión como una forma de comunicarse cuando dijo, «...*Oíd ahora mis palabras. Cuando haya entre vosotros profeta de Jehová, le apareceré en visión, en sueños hablaré con él*».

Visiones y sueños tienden a ir juntos. Dios usó visiones y sueños como una forma de comunicarse en los tiempos bíblicos, pero, entre más nos acercamos al regreso de Jesús, más y más Dios va a usar esa forma de comunicarse con nosotros de acuerdo a Hechos 2:17:

> *Y en los postreros días, dice Dios, Derramaré de mi Espíritu sobre toda carne, Y vuestros hijos y vuestras hijas profetizarán; Vuestros jóvenes verán visiones, Y vuestros ancianos soñarán sueños.*

La Historia de José

Me encanta la historia de José, porque muestra hasta donde un sueño dado por Dios puede llevar a una persona. En Génesis 37, puedes leer de este jovencito José y sus muchos sueños de Dios. Sus hermanos lo odiaban por esos sueños. Realmente, ellos estaban celosos porque José era el bebé de la familia y el favorito de papá.

El pequeño José nació cuando su papá ya era viejo, y eso, pudo haber puesto un lugar especial en el corazón de este hombre anciano para José. La Biblia nos muestra claramente de que este muchacho era el favorito, y un día, papi muestra su amor a José dándole una túnica de colores. Esto enojó a los hermanos de José. Ya ellos sabían que papi amaba más a José que al resto de ellos, y la Biblia nos enseña que después que la túnica fue dada, ¡no le podían hablar de buena manera a José! Yo puedo imaginarme, que cada vez que estos muchachos veían esa túnica, se retorcijaban de celos.

Probablemente tú has oído antes la historia de José y su túnica de muchos colores. Pero, su vida fue mucho más que una pequeña túnica. Este es mi parafraseo de la historia de lo que sucedió en la vida de este gran soñador de Dios. Tú puedes leer la historia por ti mismo en Génesis 37 y 38.

Los hermanos de José lo odiaban por sus sueños tan elevados, porque no solo soñaba, sino también hablaba de ellos. Y José no tenía sueños ordinarios. Él soñaba de grandeza, que eran mucho más lejos que sus circunstancias. Ve esto, por ejemplo: José soñó que su mamá, su papá y sus hermanos se postraban ante él. Cuando él se los contó, le dijeron, «¿Que te pasa José, ¿¡Crees tú realmente que vas a tener algún tipo de control sobre nosotros!?» ¡Ellos estaban furiosos! Después de todo, este era el menor de todos hablando a los mayores.

José tubo otro de esos sueños, que el sol, la luna, y once estrellas de la misma manera que el otro sueño, se postraban delante de él. Cuando él se lo contó a su papá, él lo interpretó de la misma manera que dentro de si dijo, «¿Tú crees que tu mamá, yo y tus hermanos nos vamos a postrar delante de ti?» Pero esto, puso en que pensar a su papá. Él se pudo haber dado cuenta que su hijo no esta teniendo sueños ordinarios porque dice la Escritura que se quedó muy pensativo.

La historia continúa que estos hermanos orgullosos estaban fuera dándole de comer a su ganado sin José. Estoy seguro de que estaban contentos de estar lejos por un rato de su hermano el soñador. Pero, papi mandó a José para que se pusiese al día con sus hermanos y cuando ellos lo vieron venir de lejos, empezaron a hablar de asesinato. Estaban cansados de esa cosa de los sueños.

Empezaron a decir, «Hey, matémoslo, echémoslo en un poso y le decimos a papi que una bestia salvaje lo tomó. ¡Vamos a ver que resulta de sus grandes sueños!»

Dios entra en la escena.

Rubén oye a los hermanos hablar en el momento dado y entra en la conversación diciendo. «Miren muchachos, no lo maten. Solo tírenlo en el hoyo». Rubén está pensando que él va a salvar a José y después que ellos se vayan lo traería a su padre. Mientras tanto, José se acercaba. Cuando él llega cerca, los hermanos lo agarran, le quitan la túnica de colores, y lo echan en el poso más cercano. Rubén regresa a lo que estaba haciendo, pensando que él va a regresar más tarde y tomar al muchacho.

Cerca del medio día, los hermanos se sientan a comer el pan a hablar, mientras que su hermano está en el poso y no tiene ni un vaso de agua para tomar. Mientras están comiendo, notan a un montón de Ismaelitas venir en el camino a Egipto con especies y perfumes. Uno de los hermanos habla. «Oigan, mejor vendamos a José y no lo matemos. Después de todo él es nuestra sangre y carne. De esta forma no tendremos sangre en nuestras manos». Obviamente, ellos todavía estaban contemplando matar a José.

Los hermanos se pusieron de acuerdo de vender a José a los Ismaelitas por veinte piezas de plata. Después ellos mancharon la túnica de colores con sangre y dijeron a su papá que había sido destrozado y muerto por una «bestia mala».

Sin saber lo que había pasado, Rubén viene y pasa por el poso y ve que José no está ahí, y rompe su vestido porque se puso muy triste. Él piensa que José está muerto.

La Vida en Egipto

Mientras tanto, José está en camino a Egipto. Pero Dios está con este muchacho. No pasa mucho tiempo antes que sea vendido a un capitán de la guardia y oficial de Faraón, llamado Potifar. Este es un oficial de alto rango que José va a ser su esclavo.

Potifar era un hombre sabio, y él notó que cada proyecto que le daba a José, lo completaba y todo lo que lo ponía a hacer prosperaba. Eso era porque Dios tenía Su mano sobre el muchacho. Pero, su esposa empezó a incitar a José y lo acusó de molestarla sexualmente, lo cual era una mentira, y por eso, fue puesto en la cárcel. Esto podría haber sido el final de José, pero no fue así.

Dios no había terminado con José todavía. Aún en la prisión Dios usó a José. En esta prisión, José interpreta el sueño de dos trabajadores del palacio que fueron puestos en la cárcel, el copero y el panadero del rey. José interpreta el sueño del copero, y voy a parafrasear la interpretación. José le dice, «copero, tú vas a regresar al trabajo. Pero, el panadero va a recibir el hacha y su cabeza y va a ser colgada en un árbol dentro de tres días». Así sucedió y cuando el copero fue soltado y se le dio su trabajo de nuevo, y se olvidó de José.

Por dos años José estuvo en la prisión por un cargo injusto de acoso sexual. Pero, después de dos largos años de cárcel, Una persona de alta importancia empieza a tener pasadías. ¿Quien es? Era el Faraón.

Las pasadías estaban arruinando el humor del Faraón. Él llamó a todos los magos y sabios del palacio, pero nadie sabía lo que el sueño quería decir. Así es que, ¿Que sucede? ¡El copero recobra la memoria! Él se recuerda de la interpretación de su sueño cuando estaba detrás de las rejas, y en solo un momento, José está en el palacio diciéndole al Faraón la interpretación de su pesadía. Siete años de abundancia estaban guardados, pero después de eso, hambruna iba a venir a la tierra de acuerdo al sueño —Siete años de eso.

Cuando la Interpretación se Convierte a Consejo

Entonces José va más allá. Él decide no solo interpretar el sueño del Faraón, pero; también le da un consejo basado en la interpretación. Le plantea al Faraón un plan de acción para evitar que la gente se muera de hambre durante los años de hambruna. ¿Cuál es el plan? José le dice, «Ponga oficiales sobre toda la tierra para colectar una quinta parte del producto de grano durante los años de abundancia, guárdelos bajo su autoridad, y mantenga la comida en las ciudades. Entonces habrá reserva para la hambruna y nadie morirá». La exacta cita del sueño y la interpretación la vas a encontrar en Génesis 41:1-37.

Ahora, el Faraón reconoce que José es un hombre «...*en quien está el espíritu de Dios*» y acepta el consejo de un sabio hombre de Dios (Génesis 41:38). Después, el Faraón se empieza a preguntar quien podría supervisar este gran proyecto de ahorro de alimentos.

¿Su solución?

¡José, el prisionero!

Esto es lo que dice la Escritura:

«Y dijo Faraón a José: Pues que Dios te ha hecho saber todo esto, no hay entendido ni sabio como tú.

Tú estarás sobre mi casa, y por tu palabra se gobernará todo mi pueblo; solamente en el trono seré yo mayor que tú.

Dijo además Faraón a José: He aquí yo te he puesto sobre toda la tierra de Egipto.

Entonces Faraón quitó su anillo de su mano, y lo puso en la mano de José, y lo hizo vestir de ropas de lino finísimo, y puso un collar de oro en su cuello;

y lo hizo subir en su segundo carro, y pregonaron delante de él: !!Doblad la rodilla!; y lo puso sobre toda la tierra de Egipto.

Y dijo Faraón a José: Yo soy Faraón; y sin ti ninguno alzará su mano ni su pie en toda la tierra de Egipto.

Y llamó Faraón el nombre de José, Zafnat-panea; y le dio por mujer a Asenat, hija de Potifera sacerdote de On. Y salió José por toda la tierra de Egipto.

Era José de edad de treinta años cuando fue presentado delante de Faraón rey de Egipto; y salió José de delante de Faraón, y recorrió toda la tierra de Egipto».

Génesis 41:39-46

Los sueños de Dios son una manera poderosa que Dios se comunica. En la vida de José, su habilidad de oír y entender la forma de Dios para comunicarse, lo trajo al Faraón y lo hizo un gran líder, de la noche a la mañana. ¡De la prisión al palacio! Es una historia maravillosa de una vida afectada por la forma maravillosa de Dios de comunicarse con su pueblo.

Sueños, Sueños, y Más Sueños

Hay una diferencia, claro, entre sueños normales y sueños de Dios. En tu espíritu tu despiertas y sabes la diferencia. Sueños espirituales simplemente no te dejan en paz. Ellos fastidian en tu espíritu y no solo tu mente. Ellos quieren ser escuchados y tomados para actuar sobre ellos también. Ellos vienen a tu espíritu en tiempos oportunos para que ayudes a otros, o a tí mismo.

Dios habló a mucha gente a través de sueños en tiempos bíblicos. En el Viejo Testamento, Él habló a Abimelec en cuanto a que Sara iba a ser la esposa de Abrahán (Génesis 20:3). Él habló a Jacobo en un sueño acerca de una escalera al Cielo (Génesis 28:12, 31:10-13, 46:3). Él habló a Labán de Jacobo (Génesis 31:24). Él habló a Salomón en cuanto a sabiduría (1 Reyes 3:3-15). Él habló a Daniel acerca de las cuatro bestias y acerca del futuro más allá, aún acerca de los tiempos finales que estamos viviendo hoy (Daniel 7).

Y en el Nuevo Testamento, Dios no paró de hablar a Sus hijos a través de sueños. A pesar de que hay mucho más de sueños en el Antiguo Testamento, los sueños son mencionados en el Nuevo Testamento.

Fue Dios Quien habló a José, el padre terrestre de Jesús. Primero, habló a José por medio de un sueño acerca de la realidad del nacimiento la virginal de María. Él le habló a José de ir a Egipto con María y regresar a Jerusalén.

Tú no vas a escuchar mucho de los sueños durante la vida de Jesús, porque Jesús estaba en la tierra. ¡Él estaba aquí, hablándonos a nosotros cara a cara! No había mucha necesidad de sueños a este punto. Fue hasta que Jesús fue capturado y estaban decidiendo quien iba a ser libertado, Jesús o Barrabás; hasta aquí, los sueños son mencionados. Y es la esposa de Pilato quien habla a su marido mientras que él estaba en la silla para juzgar, «...*Y estando él sentado en el tribunal, su mujer le mandó decir: No tengas nada que ver con ese justo; porque hoy he padecido mucho en sueños por causa de él*» (Mateo 27:19).

Ese sueño fue de Dios hablándole a la esposa del hombre que iba a pasar juicio, que Jesús en verdad era un hombre justo. Era completamente sin falta y aún así, estaba siendo sentenciado a ser crucificado en una cruz.

Después de la muerte de Jesús, son las visiones que son mencionadas en la Biblia, más que los sueños. Cornelio tiene una visión de Pedro (Hechos 10:3-6). Pedro tiene una visión de animales ceremonialmente inmundos (Hechos 10:10-16). Pablo tiene una visión en Hechos 16:9 de un hombre macedonio que dice, «¡Pasa a Macedonia y ayúdanos!»

Esto no quiere decir que Dios paró de dar sueños porque no es así, y Él va a continuar usando este método. Como dije antes, hasta los últimos tiempos Dios va a usar sueños como una forma de comunicarse con el Hombre.

«Y en los postreros días, dice Dios, Derramaré de mi Espíritu sobre toda carne, y vuestros hijos y vuestras hijas profetizarán; Vuestros jóvenes verán visiones, y vuestros ancianos soñarán sueños».

Hechos 2:17

CAPÍTULO 20

Dios Habla a Través de Visiones

En mi opinión, toma más fe o intimidad con Dios para tener una visión, que tener un sueño de Dios. ¿Por qué pienso esto? Porque (1), visiones son dados mientras estás en un estado consiente y (2), los sueños son dados mientras estás en un estado inconsciente.

Cuando Dios te da un sueño, no hay una batalla mental para que tú pongas atención o escuchar lo que Él te está diciendo. Pero, ¡una visión es otra cosa totalmente diferente! Dios tiene que tomar tu mente de alguna manera, de las circunstancias naturales que están sucediendo alrededor de ti. ¡Y eso, puede ser difícil!

Yo creo, que algunas veces Dios no puede tener la atención de la gente cuando están despiertos, por lo tanto, Él usa la quietud cuandodo dormimos para hablarnos a través de los sueños. Muchas veces, ese es el único tiempo que algunas gentes que la gente va a escuchar. Ahora, esos es solo mi opinión y lo puedes desechar si no estás de acuerdo.

Las visiones vienen en un estado consiente de la mente. Tú podrás estar tocando música con un grupo de alabanza en la iglesia y *¡de repente!* Una visión comienza a pasar. Ahora, tus dedos están todavía con el instrumento, tu boca todavía esta cantando el canto; pero, tú estás entonado a otra cosa. De repente estás viendo algo de Dios. Dios está usando cuadros para hablarte. Esta es una forma que Él se comunica.

Tú podrías estar en tu cuarto, orando y adorando a Dios. La unción cae y *¡de repente!* Una visión comienza. Ya no estás solo en tu cuarto; pero ahora estás viendo más allá de las paredes, viendo lo que Dios quiere que veas.

Una Visión Personal

Ahora, yo he tenido muchas visiones, pero creo que la que más se impregnó en mi mente, sucedió cuando me estaba quedando en la casa de un pastor en los primeros años de mi ministerio. No fue bíblico y no tenía ningún significado para mis predicaciones. Era algo personal, algo que Dios quería que viera y para compartirlo con mi familia.

Bueno, durante los primeros años de mi ministerio, los tiempos eran duros cuando tenía que ver con las finanzas. Yo predicaba y algunas veces no me daban ofrenda.

Nada.

No cincuenta centavos, no veinticinco, ¡nada! Era difícil.

Los pastores venían a mi y decían, «Escucha, yo quiero que predique para mi iglesia; pero no tenemos mucho, por lo tanto, no te puedo prometer nada». Yo predicaba cinco días seguidos y recibía lo que se me había prometido, nada. ¡Aunque estaba gozoso de hacerlo, yo soy humano y necesitaba comer!

Hubo muchos ayunos forzados al principio de mi ministerio. Nunca me quedaba en un hotel, porque no tenía dinero para pagar. Yo dormía en catres del ejército, en salones de la escuela dominical; claro, no estaba pensando tener una visión. Acababa de predicar y mi mente estaba en descansar y alejarme de los animales, y leer la Palabra.

Pero, de repente, estaba en las nubes. Miré a mi tía Elsie Mae, quien había fallecido dos meses atrás. Estaba teniendo una visión y no sabía lo que estaba ocurriendo. Miré a mi tía de lejos, bastante lejos y me estaba hablando. Estaba diciendo, ¡«Jesse, Jesse, Jesse!» Sorprendido de ver a mi tía, me dije a mi mismo, «¡Hey, esa es mi tía Elsie!».

La vi otra vez y grité de regreso, «¡Hey! ¡Hey!» Yo había estado en su funeral dos meses antes, y honestamente, nadie sabía si ella era salva. Ella estaba moviendo sus brazos y se ponía las manos alrededor de su boca gritándome, «¡Diles que llegué! Diles que llegué!» Entonces le grité de regreso, «¡Hey! Dile hola a——», pero me detuve porque ví a mi abuelo caminando detrás tía Elsie. Después ví a su hija detrás de él caminando hacia mí también.

Ahora, yo amaba mucho a mi abuelo, pero él había muerto cuando yo solo tenía once años de edad. Él era un hombre inmenso y yo soy el más pequeño de toda mi familia. Mis memorias de él son muy buenas. ¡Él era tan grande que usaba un anillo número quince! Yo recuerdo cuando él me tomaba con una mano y me levantaba para que alcanzara las naranjas del árbol. Este hombre tenía los dedos como salchichas y me llamaba «Pequeño Jesse». Yo lo amaba mucho.

Mi mamá hizo que él repitiera la oración del pecador, solamente once días antes que muriera. Su nombre era Gillis Este, pronunciado de la manera cajún-francés.

Yo vi a mi abuelo caminar hacia tía Elsie y poner sus brazos alrededor de ella, que poco tiempo antes había fallecido. Me dije a mí mismo, «¡Ese es pápa!" Yo grité" ¡Hey abuelo!»

Él me dijo, «¿Como estás pequeño Jesse?»

Estaba tan impactado de estar viendo todo esto, que no había mucho que yo podía decir. Así que estaba tan emocionado diciendo «¡Hey!» a todos. ¡Muchacho! Yo amaba tanto a mi abuelo que me sentí tan bien de verlo de nuevo después de tantos años. Su hija no habló, solo estaba al lado mi tía Elsie Mae.

Luego, de repente vi a otro hombre venir y se paró detrás de mi abuelo. Tenía el pelo como el mío. ¡Él aún se peinaba igual que yo! Me miró y orgullosamente dijo, «Te ves muy bien».

Yo dije, «Gracias. ¿Quien eres tú?» No reconocía su rostro. Nunca había visto este hombre antes.

Pero todo lo que dijo fue, «Te ves muy bien».

«Gracias» dije. Y después pensé dentro de mí, *No se quien es este hombre. ¿Quien será?*

Estaba mirando a mi abuelo y mi tía Elsie y de repente, estaba de regreso, agachado con mis manos en mis zapatos. Pensé, *¿Que está pasando?*

¿Que fue lo que pasó? Acababa de tener una visión. Dios quería que yo viera algo, por lo tanto, Él escogió hablarme con una visión.

Bueno, terminé el servicio de esa noche y conduje hacia mi casa. Como unas dos semanas después, mi tío favorito, Ray, vino a mi casa. Mi tío Ray es hermano de mi madre.

Contando la Visión

Era una mañana, y Cathy estaba haciendo desayuno para nosotros. Yo sabía que tenía que compartir con él lo que había visto. Así que le dije, «Tío Ray, te quiero decir algo. Ahora, esto va a sonar como una locura, pero, quiero que me escuches".

Me miró por un segundo. «¿Qué es Jesse?».

«Vi a mí tía Elsie».

Ahora, ella era su hermana de la cual yo estaba hablando. Nosotros éramos ocho hijos en la familia. Había cuatro hermanas y cuatro hermanos entre ellos, uno de ellos era mi tío Ray.

Él dijo, «¿Qué?»

"Tío Ray", Dije, «Yo se que suena tonto... y conté toda la historia. Desde el perro, el gato, y cuando me agaché a soltarme los zapatos, y *¡boon!* las nubes, tía Elsie, su hija, un viejo hombre que no conocía— toda la cosa.

«Tío Ray», dije, «Tía Elsie estaba gritando... ¿qué quieres decir?»

«Tenía sus manos alrededor de su boca, bastante lejos diciendo, '¡Diles que llegué!'».

Cuando dije eso, mi tío Ray se soltó en llanto.

Yo no sabía, pero él había estado orando, «OH Dios, ¿se iría mi hermana al cielo?» Él había estado pensando, *Dios, ella fue una maravillosa persona y una bendición. Pero, yo no sabía si ella había sido en verdad salva o nacida de nuevo en su corazón.*

Esa visión que Dios me mostró, de tía Elsie le dio a mi tío Ray conforte y paz. Cuando yo le dije que había visto a mi abuelo, tío Ray dijo, «¿Viste a mi papá?». Mi abuelo era su padre.

«Sí, lo vi».

El rostro del tío Ray parecía como madera. Era una visión fuerte, yo podía ver que él estaba tratando de absorber todo lo que yo estaba diciendo.

«Pero, había un hombre de pelo blanco, tío Ray", continué, «un hombre que tenía pelo blanco como el mío, ¿tú sabes? Él salió y no se quien era. Y me dijo esto, 'Te vez bien'».

Tío Ray no sabía de quien yo estaba hablando, por lo tanto, decidimos buscar el álbum familiar de fotos. ¡Muchacho! Yo tenía algunos familiares tan pobres. Es cómico, que cuando tú vez esas fotos viejas, parecía que todos, estaban siempre inclinados o colgados al lado del portón de un establo.

Todas esas fotos eran en blanco y negro, y nunca había visto un familiar rico en una foto. Siempre era un hombre colgado de una pala, o al lado de una mula, sus pantalones medio colgando, sin faja, con zapatos rotos, y un sombrero puesto de lado. Yo tengo fotos de gente que no conozco. Son viejas fotos blanco y negro, arrugadas que heredé cuando mi mamá murió.

Así que, tío Ray y yo, estamos viendo las fotos del álbum, y me empieza a decir los nombres de gente que no conocía. Apuntó hacia una mujer anciana mal humorada y decía, «Esta es tu tatarabuela que murió de Neumonía cuando tenía ochenta y nueve años de edad». No era tan impresionante, ya que todos se miraban miserables y pobres.

Bueno, vamos por este camino de memorias a través de la historia de la familia, y él saca esta foto de un hombre. Para decirte la verdad, nunca la había visto antes y si la vi, no recuerdo. El hombre tenía pelo blanco partido a la mitad como el mío. Tío Ray dijo, «¿Es este el hombre que viste».

Ví la foto y supe inmediatamente que era el mismo hombre. «Sí, ese es el hombre. ¡Ese es! ¿Quien es él?».

Él es tu tatarabuelo, mi abuelo Arceneaux. Él es mi abuelo. Él fue la primera persona que se convirtió en la familia, y es por él, que todos somos salvos hoy».

Yo estaba sorprendido.

«Jesse », mi tío Ray dijo, «Él tenía pelo como el tuyo. Era blanco y se lo peinaba como tú lo haces. ¿Tú sabes eso Jesse? Abuelo Arceneaux te vio nacer, y él murió dos semanas después. Yo recuerdo cuando él te sostuvo como unos tres o cuatro días antes que muriera, y él repetía, 'él se ve bien'».

«¿Tú le oíste decir eso?»

« Sí, yo lo oí decir eso a tu mama. Él decía, 'Tú muchacho se ve bien. Se ve bien'».

Yo solo estaba sentado, viendo la foto, absorbiéndolo todo. Estaba calculando el tiempo en mi cabeza por alguna razón, pensando dentro de mi, *Si yo nací el 9 de julio, y él murió dos semanas después, eso quiere decir que él me estaba viendo el 12 o 13 de julio y por el 23 él falleció. Ahora, él me ve como un hombre y dice la misma cosa, 'Hey, tú te ves bien'. ¡Tremendo!*

Yo nunca lo vi; pero, él si me vio. Y Dios quiso que yo viera a mi abuelo Arceneaux durante mi vida. Así que, lo vi en una visión. Constantemente me preguntaba por qué no vi a otros, por qué Dios no me mostró a mi mamá y mi abuela. Pero, ahora que pienso acerca de ello, no había dudas en mi mente o la de mi familia donde ellos estaban. ¡Nosotros sabíamos que ellos habían ido al cielo!

El corazón de mi tío estaba atribulado por su hermana por la incertidumbre de su salvación. Dios lo puso en paz por la visión. Yo perdí a mi abuelo cuando era jovencito y lo extrañaba y Dios me aseguró que lo iba a ver en una visión. Y, ¿por qué me mostro a mi Tatarabuelo Arceneaux? No lo se; pero me bendijo igualmente, y aprecio la oportunidad de ver al hombre que recibió la salvación primero en mi familia.

Visiones en la Biblia

Historias de gente teniendo visiones se encuentran a través de la Biblia y hay muchas razones por qué Dios usa esta forma para comunicarse.

En Génesis 15:1-16, tú puedes leer acerca de las visiones de Dios a Abraham:

> «Después de estas cosas vino la palabra de Jehová a Abram en visión, diciendo: No temas, Abram; yo soy tu escudo, y tu galardón será sobremanera grande.
>
> Y respondió Abram: Señor Jehová, ¿qué me darás, siendo así que ando sin hijo, y el mayordomo de mi casa es ese damasceno Eliezer?
>
> Dijo también Abram: Mira que no me has dado prole, y he aquí que será mi heredero un esclavo nacido en mi casa.
>
> Luego vino a él palabra de Jehová, diciendo: No te heredará éste, sino un hijo tuyo será el que te heredará.
>
> Y lo llevó fuera, y le dijo: Mira ahora los cielos, y cuenta las estrellas, si las puedes contar. Y le dijo: Así será tu descendencias». (v 1-5)

Ya siendo viejo, Abraham tubo esta visión. Pero Dios la cumplió, y Abraham y Sara eventualmente tuvieron a Isaac, cuyo descendiente fue David, y más tarde ¡Jesucristo mismo! Y a través de Jesús, todos fuimos adoptados hijos e hijas de Dios. Por lo tanto, la semilla física de Abraham fue grande, pero su semilla espiritual, fue aún mayor por todos aquellos que han aceptado a Jesús como Señor y Salvador.

Hoy, nosotros somos bendecidos de tener aquellos que estudian el libro de Apocalipsis y creo que son hábiles de discernir espiritualmente lo que las visiones describen. Ellos son maestros de los tiempos finales. Es su especialidad por así decirlo. Como un Evangelista, mi especialidad es de motivar a la gente acerca de Dios e introducirlos a Su Hijo Jesús. También me gusta esparcir el gozo del Señor porque hay un mundo triste aquí. El mensaje de Jesús, son Buenas Nuevas, no malas noticias. ¡Me hace feliz decirlo!

Las visiones son una forma maravillosa de Dios para comunicarse. Ahora, movámonos a otra forma que Dios habla a Sus hijos.

CAPÍTULO 21

Dios Habla a Través del Don de Lenguas

Otra forma que Dios habla a Sus hijos, es a través del don de lenguas. Yo se que este es un tema controversial y algunas personas no creen en el. ¡Yo sí! Cómo ellos tienen el derecho a no creer, yo tengo el derecho de creerlo. ¿No te encanta el sistema de Dios de libre albedrío? No hay nada como eso.

Cuando yo quiero predicar acerca del Espíritu Santo, solo predico del mensaje de Jesús acerca del Espíritu Santo y el poder porque deduzco, que cuando una persona está lista y cuando escoge el alcanzar más de la presencia de Dios, algo dramático va a suceder en sus vidas. Si ellos lo quieren, ese Espíritu Santo que está viviendo en ellos, va a salir como una burbuja, ¡los va a llenar y desparramar con su ardiente presencia.

Ahora, las lenguas no es un montón de balbuseo. Puede sonar así, pero no lo es. Es un don del Espíritu Santo y tiene un par de funciones: (1) Lenguas para tu edificación personal, y (2) lenguas para la edificación de todos.

Lenguas Para la Edificación Personal

Ahora, recuerda que el Espíritu Santo es esa parte de Dios que llega a tu interior, cuando invitas a Jesús a tu corazón. Pero, el bautismo del Espíritu Santo sucede cuando tú activamente llevas tus manos a Dios con una petición de corazón de tener más de Él. Cuando ese es el deseo sincero de tu corazón cuando lo pides, El Espíritu Santo de Dios se levanta dentro de ti, ¡tanto que se desparrama hacia fuera! De ese desparramar viene la bendición de un nuevo lenguaje de oración.

Jesús profetizó que el hablar en lenguas sería una señal de la presencia del Espíritu Santo. «*Y estas señales seguirán a los que creen: En mi nombre echarán fuera demonios; hablarán nuevas lenguas*» (Marcos 16:17).

Pablo también dijo que sería una señal en 1 Corintios 14:22. Pedro también enseñó que el hablar en lenguas es una señal de la morada del Espíritu Santo. Sus enseñanzas pueden ser estudiadas en Hechos 10:44-46, 11:16-17, y 15:7-9.

La habilidad de hablar en lenguas, es lo que mucha gente le llama la «evidencia", o haber sido bautizado en el Espíritu. La palabra *bautizo*, traducida es «sumergir», así que, esa es una buena manera de pensar de eso. Cuando tú eres sumergido con el Espíritu Santo, no es como haber sido sumergido —¡Sino, de adentro hacia afuera! Viene de adentro y fluye a través de tu boca. De repente, tú empiezas a decir una combinación de sílabas que nunca habías dicho antes. ¡Es como si Dios tomara control de tu lengua!

Ahora, el Espíritu Santo de Dios está vivo con poder y ese poder se levanta dentro de ti. ¿Para qué? Claro, para testificar de Jesús. Eso es todo el mensaje del cristianismo. Las lenguas te ayudan a ser un mejor testigo porque te da osadía. Hechos 1:8 lo confirma, «*pero recibiréis poder, cuando haya venido sobre vosotros el Espíritu Santo, y me seréis testigos en Jerusalén, en toda Judea, en Samaria, y hasta lo último de la tierra».*

Las lenguas personales son para tu propia edificación y son para ayudarte mientras oras. Úsalas como tu te sientas guiado a hacerlo, donde sea que el Señor te mueva a hacerlo. Ese es un lenguaje que puedes usar todos los días y, ¡es una forma de orar que no vas a poder arruinar! El hablar en lenguas en un beneficio real por ser nacido de nuevo, porque Dios te puede usar para orar por cosas que normalmente no pensarías de ellas. A pesar de que este lenguaje de oración es privado, la gente ora en lenguas durante tiempos de oración, alabanza y adoración durante los servicios en la iglesia. Es una forma para un grupo de orar corporalmente.

Pero, las lenguas personales no son algo para que tú vayas por todos lados en la iglesia, cuando todo está callado o cuando el ministro está predicando. ¡No solo, no beneficia a nadie que tú hagas eso, sino que te podrían echar afuera si tú perturbas el servicio así! 1 Corintios 14:2 dice, *«Porque el que habla en lenguas no habla a los hombres, sino a Dios; pues nadie le entiende, aunque por el Espíritu habla misterios».* Este tipo de lenguas es una forma privada de orar de tu espíritu y no es para exhibición.

El hablar en lenguas no es un don del Antiguo Testamento. Comenzó después que Jesús fue a la cruz y envió el Espíritu Santo. Primeramente, sucedió en el día de Pentecostés y fue un regalo de Dios para Sus hijos para que oraran con más facilidad, para ser más efectivos y osados para testificar por Cristo.

Cuando las Lenguas Son Públicas

Hay otra función del don de leguas y es una forma única que Dios habla a Su pueblo. ¡Algunas veces las lenguas son públicas! Algunas veces el Espíritu Santo se mueve en un individuo para enviar una palabra específica en forma de lenguas a un grupo de gente.

Esta exhortación pública en una lengua desconocida es como una palabra de ciencia, conocimiento, o profecía, y eso es un mensaje específico de parte de Dios. Pero, durante ese momento, el mensaje es para el público y no solo para una persona. ¡Muchas veces la lengua es declarada en la iglesia!

Es lo que algunos llaman «profetizar» y aunque es primeramente dicho en lenguas, es para todos. Es un mensaje de Dios, vas a notar que todos caen en silencio mientras que la persona habla reciamente el mensaje en lenguas. Todos hacen silencio porque dentro de sus espíritus ellos saben que están escuchando un mensaje de Dios. Tal vez ya has visto esto antes. Es un fenómeno real de la iglesia del Nuevo Testamento, que ha estado sucediendo desde el día de Pentecostés.

Lo que pasa es que todos reconocen la cadena de mando. El Espíritu de una persona reconoce cuando Dios está hablando ¡y se calla para escuchar! Durante la exhortación pública usando lenguas, es como si Dios dijera, «Yo tengo un mensaje para esta iglesia». El Espíritu Santo dentro una persona en la congregación se levanta, y de repente, sabe que tiene un mensaje de Dios.

Es interesante que todos en la iglesia hacen silencio profundo. ¡La gente quiere escuchar a Dios hablar! Después que el mensaje en lenguas es dado, la gente va a permanecer callada por un tiempo. Usualmente, nadie alaba o grita. ¿Por qué? Porque el mensaje no a sido dado a plenitud, ¡tiene que ser interpretado!

Durante este corto tiempo, o el tiempo entre las lenguas y la interpretación, todos permanecen en un estado de oración calladamente. Esto es muy importante. Muestras que tú estás siendo respetuoso al Espíritu Santo y le da al que va a interpretar, un poco de tiempo para obedecer la incitación que él o ella el está obteniendo del Espíritu Santo.

la Interpretación de Lenguas

La interpretación de lenguas también es un don del Espíritu. Este don permite a alguien revelar sobrenaturalmente el significado del mensaje en lenguas. El que interpreta no entiende el mensaje que está interpretando. No es que él oye y mientras está siendo dada, entiende cada palabra y decide traducirla. No es ese tipo de interpretación natural.

Es una interpretación sobrenatural, no una interpretación natural. Así que, cuando la persona escucha el mensaje en lenguas, él o ella, está igual que los demás—sin entendimiento, pero respetuoso del mensaje de Dios y en actitud de oración en cuanto a la interpretación.

El trabajo del que interpreta es fluir en el don del Espíritu al simplemente proclamar lo que sea el significado del mensaje. ¡Esto es algo sobrenatural! ¡Es poderoso ver esto por primera vez y nunca cesa de sorprenderme como Dios usa esta forma para hablar!

Dios quiere que Su pueblo entienda el mensaje; así que, la interpretación va a ser dada en cualquier sea el idioma común del grupo. Si el mensaje es dado en una iglesia que habla inglés, la interpretación va a llegar en inglés. Si el mensaje es dado en una iglesia que habla chino, la interpretación va a ser en chino.

Si ahí no hay interpretación, un mensaje en lenguas no ayuda a nadie. ¿Por qué? Porque nadie lo puede entender. ¿Y que beneficio tiene si nadie puede entender el mensaje?

También, la interpretación usualmente viene de alguien más en el grupo. Es como si Dios estuviera dando la oportunidad a alguien más a que participe en transmitir el mensaje. Algunas gentes preguntan, ¿Como uno sabe si se supone que uno de el mensaje en lenguas? O, ¿Como uno sabe si se supone que uno dé la interpretación?

La persona sabe porque en su espíritu hay una urgencia intensa para darspíritu Santo le va a dar el mensaje a alguien más en el grupo. Así es como funciona. Dios quiere que el mensaje sea oído. Si la persona no está dispuesta a dar lo que Él está hablando, a que solo confíen y comiencen a hablarlo, entonces, el Espíritu Santo va a moverse en alguien que esté dispuesto a obedecer. Esto comienza con tu obediencia y fe.

Cuando tú sabes que tienes una interpretación, empieza a hablar en fe y Dios te dará las palabras. A menudo Él no te da todo el mensaje. A menudo tú solo sabes una frase o tal ves unas pocas palabras a la vez. Él requiere que tú le confíes a usar tu boca y no confíes en otra cosa que en Él durante este tiempo. ¡Así es como tú no vas a echar a perder el mensaje! Tú dejas tu mente afuera de eso y solo dejas que las palabras fluyan de tu espíritu. Después de todo, tú solamente estás transmitiendo el mensaje; no estas construyendo el mensaje.

La combinación del don de lenguas y la interpretación de lenguas es una manera poderosa que Dios nos habla.

No lo Mezcles

En la iglesia antigua las cosas se fueron fuera de control y Pablo tubo que poner unas guías. La gente estaba tan emocionada de tener una forma celestial para orar, que todos oraban en lenguas a la misma vez, como si la oración personal en lenguas de cada uno era un mensaje para todos.

No era así.

Las lenguas personales, no tienen que ver con exhortación pública.

Muchos de los creyentes, simplemente estaban orando en sus lenguas personales. Así que, no era de beneficio a nadie en la iglesia. Ellos tenían que crecer y madurar para aprender de este gran regalo de Dios, que es lo que se trata en estos versículos de 1 de Corintios:

«Pero el que profetiza habla a los hombres para edificación, exhortación y consolación.

El que habla en lengua extraña, a sí mismo se edifica; pero el que profetiza, edifica a la iglesia.

Así que, quisiera que todos vosotros hablaseis en lenguas, pero más que profetizaseis; porque mayor es el que profetiza que el que habla en lenguas, a no ser que las interprete para que la iglesia reciba edificación».

1 Corintios 14:3-5

La palabra «edificación» quiere decir, que el mensaje debe ser instructivo y animador, ayudándote a mejorar como creyente. Dios no condena a la gente. Él trae convicción a sus corazones a mejorar en una forma fuerte, pero en una forma amable. Dios no golpea la gente. Él los ama y los guía con palabras instructivas y motivadoras. Cuando Dios tiene un mensaje para un grupo de gente, no va a salir en una forma sobre ansiosa, torpe o constreñida.

Primera de Corintios 14:26 dice, «*Porque si bendices sólo con el espíritu, el que ocupa lugar de simple oyente, ¿cómo dirá el Amén a tu acción de gracias? pues no sabe lo que has dicho*».

Primera de Corintios 14:26 nos manda, «*Hágase todo para edificación*».

Por lo tanto, los mensajes en lenguas y la interpretación que sigue no debe ser caótica o confusa. Debe ser decente, en orden y edificante para todos.

CAPÍTULO 22

Las Formas Extrañas
Que Dios Habla

Dios es inusual. En las Escrituras, hay aún una mención que Dios quiere hablarnos de tal manera, que si nosotros no nos comunicamos con ÉL, las rocas van a empezar a clamar. (Lucas 19:37-40).

Dios va a ir aún más allá, ¡de usar formas de seres vivientes más bajos para comunicarse con nosotros! Si Él quiere llamarnos la atención y no puede llegar a nosotros de otra forma, Él no está por arriba de usar a un burro o un perro. Él va a usar a una gallina para obtener nuestra atención. Suena como una locura, pero es la verdad. No tienes que creerme, pero considera esto: Pedro nunca se hubiera arrepentido hasta que ese gallo dijo, ¡Ki-kiri-Kí! Piensa en eso.

Mateo 26:34 dice, «*Jesús le dijo: De cierto te digo que esta noche, antes que el gallo cante, me negarás tres veces*».

Después que Jesús fue capturado y Pedro se paseaba por todos lados, la gente lo empezó a reconocer como uno que seguía a Jesús. Pedro lo negó. Cuando le preguntaron por segunda vez si él seguía a Jesús.

A la tercera vez que alguien le preguntó de nuevo. Mateo 26 dice de Pedro dijo esto: *«No conozco al hombre. Y en seguida cantó el gallo».* (v. 74). ¿Sabes que pasó después? *«Entonces Pedro se acordó de las palabras de Jesús, que le había dicho: Antes que cante el gallo, me negarás tres veces. Y saliendo fuera, lloró amargamente»* (v. 75).

El hombre lloró porque él sabía que había negado a Jesús. ¿Como lo supo? Cuando el gallo cantó. Dios usó a un gallo para probar un punto a Pedro. ¿El punto? ¡Arrepiéntete! ¡Arrepiéntete! ¡Arrepiéntete!

Pedro sabía que había errado. Él sabía que había traicionado a Jesús al negarlo. Realmente, hizo lo mismo que Judas. Excepto, que Judas no pudo recibir el perdón. Él creyó que su pecado era muy grande para ser perdonado. Pedro entendió la gracia y llegó a hacer cosas grandes para Dios.

El punto que estoy tratando de hacer, es que Dios va a usar a animales y formas inferiores vivientes para llamarnos la atención, si tú no les estás escuchando.

Hubo en un tiempo, un profeta que venía al pueblo y viajaba sobre su burro. De repente, el burro lo acorraló contra la pared. ¡Hizo enojar al profeta! Toda la historia se encuentra en el libro de Números 22:21-35; pero lo voy a parafrasear:

Él le dijo, «¡Te voy a matar!»

Y el burro contestó, "¿Porqué tú me quieres matar? ¡Estoy tratando de salvarte la vida!».

¡La cosa más sorprendente de la historia para mi, es que el profeta le habla de vuelta al burro! Quiero decir que tiene a un burro llamado Mr. Ed y no se ve desconcertado por eso. ¡El burro le contesta de regreso a Él!

El hombre le dice, «te voy a matar si sigues molestándome, burro ¡No puedo creer que lastimaste mi pierna!»

¿Que estaba pasando? Ese burro vio un ángel de Dios parado enfrente de el con una espada, «¡Mira, tonto, te estoy salvando la vida!»

Esta es la historia parafraseada de Balaán y su burro del capítulo 22 de Números. Ahora, piensa acerca del hecho que Dios no podía obtener la atención de Balaán, por lo tanto, tuvo que usar la reacción de un burro al ver un ángel en medio del camino.

Aprendiendo de un Perro

Los perros son muy divertidos. A mi me gustan los perros grandes, aunque soy pequeño de estatura. ¿Has notado en algún momento que la gente grande le gustan los perros pequeñitos? Tú puedes estar caminando por la calle y vas a ver una mujer de trecientos libras acarreando un pequeño Chihuahua. Después vas a ver a una mujer de casi cinco pies de estatura, pesando no más de noventa y ocho libras y ella va caminando ¡con un gigante San Bernard! Esto se ve un poco mal para mi. La gente grande debería tener perros grandes y la gente pequeña perros chiquitos.

De todas maneras, pareciera que todo lo que mi esposa y mi hija querían, era un perro pequeñito. Así que, mi tío y mi tía, nos dieron uno. Un caniche macho, y mi esposa lo nombró Beau Jacque. Mi tío y mi tía también le gustaban los perros pequeños y en un tiempo tenían un pequeño perro Pequinés. Fui a la casa de ellos un día y dije, "¡Hey! ¿donde está el perro?

Mi tío dijo, «OH, Jesse, él murió».

«¿Como sucedió eso?»

Él dijo, «¡le cayeron 200 libras sobre él!»

Yo dije, «¡qué!... ¿qué pasó?»

Él contestó, «tu tía cayó sobre Él y lo mató».

Yo me reí. Yo se que no lo hubiera hecho; pero sonaba tan cómico. Dije, «Bueno, supongo que esa es una buena manera de morir. El caerle doscientas libras sobre uno y, que vas a estar muerto bien rápido». ¡Mi tío se metió en problemas por decirme todo eso!

Esta es la casa de donde viene nuestro perro, Beau Jacque. Por lo tanto, figuré que le salvamos la vida de alguna manera y debería estar agradecido. Pero no lo estaba. Este perro me irritaba. Era pequeñito y blanco tenía el esqueleto de un fideo. Era macho pero mi esposa le pintaba las uñas y le ponía un moño de todas maneras. Él odiaba eso, y trataba de rasparse la pintura de las uñas en el cemento y trataba de quitarse el moño. Este perro no me caía muy bien.

Beau Jacque y yo, teníamos muchas conversaciones acerca de muchos temas. Pero, el Señor usó ese perro un día para enseñarme una lección acerca de ser pronto para oír Su voz.

Estaba viendo televisión y el Señor dijo, «Apaga el televisor y observa a Beau Jacque».

Yo dije, «¿Qué?»

Él dijo, «Observa a Beau Jacque, el perro».

Así que, apagué el televisor y dije, «Beau Jacque».

¿Tú sabes que ellos te escuchan porque ellos te ven con sus pequeños ojos como si dijeran, ¿Qué? ¿Qué es lo que estás diciendo? ¡Quisiera entender a los humanos! ¿Qué es lo que estas diciendo, OH grandioso amo de la casa?

Yo dije, «Te voy a observar».

Sus grandes orejas peludas se echaron para atrás. Así que, me quedé sentado y solo lo observé. El perro estaba sentado en la carpeta. Nada estaba sucediendo. Había silencio en la casa. Entonces, de repente, Beau Jacque saltó muy rápido y corrió hacia la puerta. Empezó a rugir fuertemente y arañar la puerta.

Ya voy le dije, «¿Qué, Dios? ¿Qué?».

Dios dijo,«¿Notaste cómo su antena estaba levantada? ¿Notaste como salió corriendo por lo que escuchó?»

Yo dije, «Sí».

Él dijo, «¿Por qué no actúas como tu perro?»

¡Vale, Dios! Pensé dentro de mí, Él me habla muy directo muchas veces.

Él dijo, «¿Aprendiste algo de ese perro?»

«El perro ni siquiera es salvo, Dios».

«Aprende algo. ¿Notaste qué rápido el perro es? ¿Qué rápido movió sus orejas?» Dijo Él, «Yo quiero que tú te muevas así cuando Yo te hablo».

Bueno, alguien se había parqueado enfrente de la casa. Era mi cuñada Débora. Cuando el perro la vio, se dio la vuelta, y caminó de regreso. Ese día, Dios me mostró a través del ejemplo de mi perro, qué importante es, responder rápidamente a Su voz.

No mucho tiempo después de esa lección, yo estaba durmiendo en un hotel y estaba bien dormido. De repente, oí a Dios decir, «Jesse» y antes que pudiera pensar, estaba fuera de la cama y me ¡Caí en el piso! Me levanté tan rápido que no le di tiempo a la sangre que fluyera en mis piernas. ¡Las piernas no me sostuvieron!

Creí que había sido tirado por el Espíritu. Entonces, me dí cuenta y pensé, Eres *idiota, saltaste de la cama muy rápido*. El Señor me dijo, «Esa es una manera de empezar. Yo quiero que te muevas, se sensitivo. Cuando yo hable, quiero que escuches». Pensé que todo esto fue muy cómico, regresé a la cama y Dios me habló un poco más y después, me dormí.

Dios Habla Por Medio de la Naturaleza

Dios va a usar Su creación para enseñarte algo, si tú escuchas. Yo recuerdo una vez que Dios me despertó cerca de las seis y treinta de la mañana. Él habló suavemente a mi espíritu y dijo, «Quiero que vayas al patio».

En ese entonces, vivía en una casa que tenía un gran patio pegado a la parte de atrás. En la actualidad, la casa era en forma de "L" originalmente. Pero el previo dueño la había convertido en forma de cuadro, haciendo un patio de maya cubierto. A mi me gustaba. Yo puse una mesa de patio, un columpio y algunos muebles de madera roja ahí. Cathy tenía bastantes plantas que crecían en masetas. Era muy bonito y bastante confortable para relajar, y Cathy y yo salíamos y nos sentábamos en la silla mecedora por las tardes.

De hecho, la mayor parte del año, era el único lugar donde tú podías ir y no ser comido por los mosquitos. Si tú vives en el Sur de

Luisiana, tú sabes que los mosquitos podrían ser el ave del estado. Son como un millón de pequeños Dráculas volando durante todo el verano.

De todas maneras, me levanté de la cama, me fui al patio, y me senté en la silla mecedora. Mientras estaba sentado meciéndome, dije, «¿Qué quieres que haga Señor?»

«Quiero que tú observes esa planta».

«¿Qué?»

«Observa esa planta allí que a Cathy le gusta tanto. La que tiene orejas grandes de elefante».

«¿Obsérvala?»

«¡Solo obsérvala!»

Pensé que talvez estaba mal entendiendo algo, por lo tanto, dije, «¿Tú quieres decir que solo quieres que esté sentado aquí y mirarla?»

«Sí», dijo Él, «obsérvala».

Entonces pensé, *Bueno, muy bien.*

Mientras estaba sentado ahí meciéndome y observando la planta, noté que el sol comenzó a salir y los rayos empezaron a cruzar a través de la malla del patio. Estaba viendo la planta y empezó a moverse bien despacio. Ahora, esta es una planta grande con hojas verdes y grandes. La observé por treinta minutos y la vi inclinándose a la luz.

Dije, «¡Mira eso, Dios! ¿Qué es lo que está haciendo?»

Él dijo, «Está inclinándose hacia la luz. Ahora, levántate y voltéala al otro lado».

Así lo hice.

«Ahora, siéntate y obsérvala».

¿Tú sabes lo que pasó? ¡Esa planta con esas hojas tan grandes, empezó a mover sus hojas hacia la luz!

«¿Qué es lo que estás tratando de decirme, Dios?»

«Estoy tratando de decirte que te inclines hacia la luz».

Yo dije, «¿Tú quieres decir que me levantaste para decirme eso?»

«Bueno, si la planta lo puede hacer, ¿Por qué tú no lo haces?».

Hummm…. Él tenía razón.

Cathy le hablaba a esa planta. Ella le decía, «Crece pequeña planta, crece. Mamá viene hoy a darte de comer. Crece, crece, crece».

En algunas ocasiones, yo le arrancaba una hoja, porque sabía que iba a molestar a Cathy. Yo caminaba hacia ella y le arrancaba una hoja. Claro, la planta no decía nada. Probablemente le dio miedo cuando entré al patio, preguntándose si yo le iba a arrancar las hojas.

Pero, Dios usó a esa planta para enseñarme algo. Yo creo que algunas veces las cosas pequeñas pueden enseñarnos grandes lecciones. Él creó esta tierra, aunque la gente lo crea o no, y Él usa Su creación para enseñarnos principios para vivir.

No Pierdas de Escuchar Su Voz

Yo creo que mucha gente ha oído la voz de Dios y ni lo sabían. Tal vez ellos eran como el pequeño Samuel, oyendo palabras, pero pensando de que venían de alguien que estaba cerca de él.

Algunas veces, tú puedes oír una voz y te volteas para ver quien te está hablando. Y no le prestas atención. Podría ser la voz audible de Dios. Tal vez pensaste que habías escuchado la voz de tu abuela decir, «¡Estoy orando por ti muchacho!». Eso no fue tu abuela, pensaste solamente que fue su voz. En realidad, fue la voz audible de Dios

Mickey Oye la Voz de Dios

Nunca me olvidaré de este niño que conocí llamado Mickey. Yo estaba programado a predicar un avivamiento para un maravilloso amigo mío. Esa noche, antes que el servicio comenzara, el pastor empezó a dejarme saber el orden del servicio y me preguntó, qué me gustaría hacer después.

«Jesse», el pastor dijo, «no vamos a poder ir a algún restaurante después del servicio porque ya van a estar cerrados cuando terminemos aquí. ¿Te importaría ir a mi casa? Hemos arreglado una comida ahí en caso que te gustaría comer algo después del servicio".

«Si», le dije, «está bien conmigo. Suena bien para mi».

«Escucha», continuó, «tengo una pareja que va a mi iglesia y me gustaría que los conocieras. También los invite a mi casa. ¿Está bien contigo?».

«Sí, claro, está bien conmigo».

Después del servicio, conducimos hacia la casa del pastor y conocí a la pareja. Ahora, ellos eran una pareja preciosa de Dios y tenían a un pequeño niño que me bendijo de sobremanera. Su nombre era Mickey y él perecía tener unos dos años y medio de edad. Yo no soy muy bueno para las edades, pero te digo esto, todavía no he conocido a un niño como este.

Cuando primero lo noté, sus padres me dijeron su nombre y noté que era un niño y se miraba muy bonito con su trajecito como un pequeño hombrecito. Su pelo era rubio y ojos azules y era bien pequeño. Lo habían vestido como un hombrecito. Lo saludé como saludaría a cualquier otro niño y dije, «¿Cómo estás Mickey?»

«Bien».

Él continuó, «Hermano Jesse, me gocé con su sermón esta noche. En realidad, bendijo mi espíritu y le dio energía a mi alma». Las palabras eran bien claras y me vio directamente mientras hablaba.

Yo le miré fijamente pensando, acaso acabo de oír a este niño decir, ¿'bendijo mi espíritu y fortaleció mi alma'? No lo podía creer. Él seguía hablándome.

«Fue una bendición de Dios, Hermano Jesse. No puedo esperar por el sermón de mañana».

No se si mi quijada estaba en el suelo, pero si estaba, nadie me dijo nada. Pensé, ¡Hombre, me cae bien este niño! Miré a su mamá y dije, «él es asombroso».

«Sí, él lo es», dijo ella. «Nosotros lo amamos. Es el resultado de nuestra oración. Es enviado por Dios».

Todos estábamos platicando antes de comer, y entre mas estaba alrededor de este niño, más maravillado estaba de estar con él. Era tan inteligente para su edad. Quiero decir, brillante. Su hablar era como la de un adulto, aún con sus padres. Pero, eran tan pequeño, que lo tenían que poner en una silla alta de niños.

Sus palabras no eran a medias como la mayoría de los niños, diciendo frases incompletas y usaba palabras que solo los adultos usan. Fue algo especial ver a esta clase de mente en un niño tan pequeño.

Pronto la comida estaba lista y ya estábamos en el comedor. La mamá de Mickey que estaba tan orgullosa de su hijo, lo estaba situando en la silla alta y dijo, «¿Mickey, te gustaría orar una bendición sobre la comida?».

Ahora, yo todavía no estaba sentado y ninguno de los demás también. El pastor que se llama Miguel, estaba al lado mío y estábamos a punto de tomar asiento. «No puedo», dijo Mickey. «Todavía no, mamá. Cuando el pastor Miguel termine de hablar, entonces voy a orar. Pero no todavía».

Yo miré al pastor. Él no había dicho una palabra.

De repente, Mickey dice, «¡Muy bien! El pastor Miguel dejó de hablar. Todos, inclinemos nuestros rostros y déjenme orar por los alimentos».

Entonces el niño comenzó a orar. Yo he oído a niños orar, pero no como él. Mickey parecía como un pequeño adulto mientras él decía con voz firme y sincera, «Señor, bendice estos alimentos santifícala en nuestros cuerpos. Minístranos, Señor. Permite que estos alimentos nos traigan un valor nutricional. Oramos en el nombre de Jesús. Amén».

Yo estaba pensando, *¡Este niño es admirable!*

Todos comimos y nos gozamos de la comida.

A la siguiente noche, estaba predicando de nuevo en la iglesia del pastor y le dije, «Miguel, invita a esa pareja de nuevo, ¿puedes? Diles que traigan de nuevo al niño. Quiero hablarle otra vez. Este niño es admirable».

Esa noche, después del servicio, le hablé al niño. Le dije, «Mickey, yo te oí decir anoche que tú oíste al pastor... » Pero antes que yo terminara, cerró los ojos y empezó a mover la cabeza positivamente. «El pastor Miguel está hablando de nuevo. OH, ¡eso está bueno! El pastor Miguel esta de pie al lado mío».

Le miré y supe en mi corazón lo que estaba pasando con este niño. Él no estaba escuchando al pastor Miguel. Él estaba escuchando la voz de Dios, y porque el pastor Miguel era la persona que hablaba más de

Dios, él los unió. Él pensó que era su pastor, cuando en realidad era Dios hablándole directamente a él de la misma manera que Él le habló al pequeño Samuel en la Biblia.

Samuel pensó que era Elías.

Mickey pensó que era el pastor Miguel.

¿Que es lo Que Estás Oyendo?

Algunas veces, escuchamos voces y pensamos que es alguien cerca hablándonos. Pero, nadie oye la voz que oímos. En ese instante, es audible, pero solo es audible para nosotros.

Yo he oído las voces de mi madre y mi abuela antes. Y ellos fallecieron muchos años atrás. Yo he oído la voz de mi madre, cuando en realidad, no hay nadie alrededor. Mucha gente experimenta esto.

A menudo, esta experiencia es disminuida. Porque en nuestra sociedad del presente, piensan que tú estas loco si tú oyes una voz y nadie está cerca físicamente. Nosotros somos seres espirituales, con almas que están encajadas en un cuerpo humano. Dios es espíritu y esa es la forma que Él nos habla. Hay un Ámbito espiritual que el mundo pretende que no existe. Pero, solo porque tú no vez algo, no quiere decir que no existe. De eso se trata la fe—creyendo en algo que tú no puedes ver.

Si no cabe en la manera de pensar del mundo, para ellos es malo. Pero, Dios es misterioso e inusual. Algunas veces escuchamos una voz y la confundimos por la de alguien cerca como el pequeño Samuel.

Mi madre ha estado muerta por mucho tiempo, pero, yo he oído su voz fuerte. Es extraño. Yo he pensado, Yo se que no puede ser mi mamá porque ella está en el Cielo pasando un buen tiempo. Pero ¿vez? mi madre puso la Palabra de Dios en mi cuando era un muchacho. ¡Su huella digital está en esa Biblia para mi! Ella fue mi Elías, la que me enseño lo que la Palabra dice.

Situaciones vienen a mi vida y escucho la Palabra citada para mi, algunas veces en su voz. Yo se que no es ella. Yo se que algunas veces es mi memoria de ella citándola. De todas maneras, si es la Palabra de

Dios viniendo a mi memoria en un tiempo crucial cuando la necesito, entonces califica con lo que Jesús dijo en Juan 14:26:

> «Mas el Consolador, el Espíritu Santo, a quien el Padre enviará en mi nombre, él os enseñará todas las cosas, y *os recordará todo lo que yo os he dicho*».

El Espíritu Santo trae la Palabra de regreso a tú memoria. El Espíritu Santo es la voz de Dios en la tierra. Así que, cuando oigo la Palabra audible hablada, y pareciera que es la voz de mi madre, ¡yo se que es la obra del Espíritu Santo de Dios!

¡Dios hablando!

¡Yo escuchando!

A través de los años, mucha gente me ha dicho que ellos han experimentado lo mismo. Talvez ellos oyen a su tío Francisco decir algo de la Palabra, pero él está al otro lado de la ciudad. Talvez oyeron una voz y no saben quien fue, y pensarán que están locos y por oír esa voz descartan el incidente.

Yo no quiero decir que todas las voces son de Dios, porque eso simplemente no es verdad. Algunas personas podrán tener problemas mentales y ¡oyen toda clase de cosas! Pero, solo porque eso sucede en algunas personas, no debemos descartar la habilidad de Dios de hablarnos audiblemente. No tengas miedo de abrirte a esta manera que Dios nos puede hablar.

Es posible que una mañana no muy lejana puedas oír Su voz llamándote.

CAPÍTULO 23

La Bendición y la Responsabilidad

El oír a Dios trae bendiciones. Proverbios 8:34 nos dice, **«Bienaventurado el hombre que me escucha,** *Velando a mis puertas cada día, Aguardando a los postes de mis puertas».*

Esa escritura nos dice qué importante es oír a Dios, velar por Dios, y esperar en Dios. Dios tiene mucho que decir. ¡Por eso es que la Biblia es tan grande! Él tiene aún mas cosas que decirte personalmente como Su hijo; pero, Él nunca va a decir algo que va en contra de Su Palabra. ¡Escucha, vela, y espera!

Una Oración Para Guianza

En mi ministerio, yo tengo muchas decisiones que tomar. Este es un escenario para darte una idea de cómo mis oraciones van en esos días. Esa mañana, yo despierto sabiendo que tengo una decisión que tomar, y corro inmediatamente a la puerta de Dios y digo, «¡Padre, vengo osadamente a Ti!».

Jesucristo me encuentra en la puerta y dice, «Yo soy el Sumo Sacerdote de este lugar. Nadie llega a Dios sino por Mi. Yo soy el Abogado. «¿Que es lo que deseas?»

Le digo, «¡Yo tengo una decisión gigante que tomar para este ministerio que Dios me ha dado y necesito alguna ayuda!»

Él dice, «Bueno, vamos ante mi Padre». Jesús y yo enlazamos nuestros brazos y comenzamos a caminar al cuarto del trono de Dios.

Yo digo, «Padre, estoy aquí. ¿Qué es lo que debo hacer aquí?» Si fuera en lo físico, así es como se miraría.

Pero, no es físico; es espiritual. Yo estoy todavía aquí en la tierra y Jesús está todavía en el Cielo sentado a la diestra del Padre. Yo oro al Padre, en el nombre de Jesús, y la respuesta es enviada vía Espíritu Santo, que vive dentro de mi por mi nuevo nacimiento. Yo recibo la guianza que necesito por el «Espíritu de verdad» como dice en Juan 16:13-15:

> «Pero cuando venga el Espíritu de verdad, él os *guiará a toda la verdad; porque no hablará por su propia cuenta, sino que hablará todo lo que oyere, y os hará* **saber las cosas que habrán de venir.**
>
> *El me glorificará; porque tomará de lo mío, y os lo hará saber.*
>
> **Todo lo que tiene el Padre es mío; por eso dije que tomará de lo mío, y os lo hará saber».**

Dios está mostrando a Jesús que debo de hacer. Entonces Jesús le muestra al Espíritu Santo lo que debo de hacer, Después el Espíritu Santo me muestra a mi lo que debo de hacer. Esa es la orden de mando en su lugar. Yo no lo cuestiono. Simplemente lo uso.

Así es como tú obtienes la mente de Cristo sobre cualquier cosa.

Dios me ha dado la mente de Cristo, y si tú eres una nueva criatura entonces tú tienes la mente de Cristo también. Tal vez no está desarrollada como la de Jesús, pero bendito sea Dios, si tú estás orando ¡ya vas en camino!

La presencia de Dios no es una cosa difícil. Por el poder del Espíritu Santo, tú estás cerca de Dios en un instante. Tú estás ante Su puerta en un instante. Tan pronto como la puerta se abre, y siempre está abierta porque fuimos comprados con sangre, hijos del Nuevo Pacto, tú estás ahí teniendo una audiencia con Dios.

Tú te conviertes en un hijo bendecido y tienes a Dios a tu lado, Jesús como el mediador y el Espíritu Santo guiando tus decisiones. *«Bienaventurado el hombre que me escucha, velando a mis puertas cada día, Aguardando a los postes de mis puertas»* (Proverbios 8:34).

¿Como escuchas de Dios?

Te mantienes cerca de Sus puertas.

Te mantienes cerca de Sus postes.

Y entonces, cuando las puertas se abren por tus oraciones, tú simplemente entras.

Permaneces en la presencia de Dios a través del desarrollo de la oración en tu vida. Mientras tú desarrollas tu vida de oración, tu mente es iluminada a través del renovamiento. Tu entendimiento del poder de la palabra de Jesús aumenta aún más y más.

¡Déjalos Que se Enojen!

Cuando tú empiezas a fluir en tu vida de oración de esa forma, algunas personas se enojan. ¡Déjalos que se enojen! Probablemente ya lo están para empezar y solo te quieren usar como una excusa para seguir agrios.

Realmente, es acerca de orgullo que cualquier otra cosa. ¡Si tú ya no te enfermas, ellos se enojan por eso! ¡Si tú ya no estás en quiebra financieramente, se enojan por eso! Lo puedes ver en sus ojos. Ellos se estremecen cuando algo bueno te está pasando. ¿Te preguntas por

qué? Porque ellos son orgullosos y no quieren que tú tengas algo que ellos no tienen. Ellos quieren lo que tú tienes; simplemente no están dispuestos a tomarlo a través de la oración, fe y paciencia.

Lo que ellos realmente están pensando es, *¿Quien tú crees que eres?* Tú empiezas a irritar a la gente con tu éxito por la oración. ¿Por qué? Porque ellos piensan, *Bueno, yo he estado sirviendo al Señor por cuarenta años y nada así me ha sucedido.* El tiempo que tú tengas de ser cristiano no tiene que ver con capacidad de recibir de Dios. El recibir es acerca de la fe y conocimiento. ¡Fe para creer que se puede y va a ser hecho!

La gente se podrá irritar cuando tú dejas por sentado tu autoridad como creyente, de ir osadamente al trono. ¡Es una pena! Todo lo que tienen que hacer, es llegar al portal de Dios, llegar a la puerta de Dios, entrar al lugar, ¡y hablar con su Padre! Dios va a honrar Su Palabra a cualquiera, no importa quien sea o cuanto tiempo tengan de estarlo llamando Padre.

El Oír Trae Responsabilidad

El escuchar de Dios, trae responsabilidad de continuar la obra de Jesús en la tierra, que es guiar a la gente a Dios. Cuando Tú naces de nuevo, Dios te da la misma visión que le dio a Jesús—el ministerio de la reconciliación.

Eso quiere decir que nosotros necesitamos reconciliarnos con nuestros hermanos y hermanas. Si tú vez a un hermano caer, levántalo. No lo aplastes. No le golpees en la cabeza. No hables de él a sus espaldas y traigas juicio a él. Levántalo y dile, «Yo te voy a ayudar, hombre. Voy a caminar contigo. Yo voy a creer en ti».

La gente comete errores en la vida. Cuando tú vez alguien cometer un error, date cuenta que hay algo que se llama perdón. Hay algo que se llama gracia, misericordia, y lo más hermoso que Dios tiene para ofrecer—redención.

Tú no tienes que estar de acuerdo con el pecado de la persona. No te tiene que gustar lo que hicieron. Pero tú los puedes amar a pesar de todos sus errores. Esa es la visión de Jesús, el ministerio de la reconciliación.

No Hay Nada Malo Con Ser Un Imitador

Cuando Dios me habla, yo tengo la responsabilidad, no solo a Él, sino también a la visión que Dios el Padre le dio a Jesús. Yo debo de continuar el trabajo. Yo debo de ser un imitador de Jesucristo. La

Biblia dice en Efesios 5:1: «*Sed, pues, imitadores de Dios como hijos amados* ». No me importa lo que digan. Si Dios lo dijo, tú tienes que hacerlo.

«Pero, es que no me gusta».

No importa cómo tú te sientas; ¡Es un hecho el ser salvo! No se cuantas veces he visto a toda la congregación y he dicho, ¡«Algunas de ustedes señoras, se levantan en la mañana y no se sienten que están casadas —pero amadas, ¡sí lo están!»

Hay muchas veces que no te sientes como para ir a trabajar, pero crucificas ese sentir y vas. ¿Por qué? Porque tú sabes que es un requisito y tus sentimientos no importan. Tú escogiste el trabajo; por lo tanto, escoges de ir a trabajar, aún en los días que no sientes ir. Tu sentimiento presente no te mueve. Tú te mueves por tu decisión.

De eso se trata el ser un cristiano también. Algunas veces no te sientes como un cristiano. No sientes el ser amable. No sientes el ayudar a alguien. No sientes para seguir en el ministerio de la reconciliación. Tú piensas, *¡Olvídate de ese idiota! Yo tengo otras cosas que hacer. No tengo tiempo para tratar con él.*

¡Oye, yo entiendo! Yo me siento de la misma forma bastantes veces. Pero debemos de hacer lo mejor para vivir una vida recta delante de Dios, y parte de esa «vida recta" es alcanzar a otras personas. El cristianismo no es un estilo de vida exclusivo. Es un estilo inclusivo—en otras palabras, ¡debe de incluir a todos!

Nadie es dejado fuera con Jesús. Su ministerio es cumplido, cuando todos nosotros hacemos nuestra parte, alcanzando a la gente no importando donde nos encontremos. Así es como la gente se salva y son tocados por Dios. No son solo los predicadores que lo pueden hacer todo. Somos todos, trabajando juntos para vivir una vida recta y alcanzara otros, eso es lo que mantiene el ministerio de Jesús fuerte.

«¡Pero Dios, Son las 3 de la Mañana!»

El oír la voz de Dios acarrea responsabilidad al individuo, cosas que Él te dice que hacer. Cuando tú comienzas a hablar con Dios, tú haces un compromiso de actuar en lo que Él dice que hagas. Esa parte de ser un hacedor y no solo un oidor.

Cuando Dios me habla, la mayoría de las veces, Él tiene algo para que yo haga. Él no es un Dios perezoso. Él es un Dios de acción. Algunas veces, él me despertaba a media noche para hablar. Yo recuerdo una vez que estaba en un hotel, y Él me despertó a las tres de la mañana.

Yo dije, «¡Dios, son las tres de la mañana!»

«Yo se», Dijo Él, «Yo hice el tiempo. Levántate Jesse».

«¿Para qué?"

«Quiero que me hables».

«Pero Dios, son las 3:00AM».

«¿No es eso interesante?» Él dijo, «El televisor está apagado».

¡Muy bien! Así que me levanté. ¿Pero sabes lo que hice? ¡Por puro hábito, me levanté y fui directo al televisor del cuarto! ¡Sin darme cuenta ya iba para ahí! Dios habló a mi espíritu, «No pongas tus dedos en el botón, Jesse. Ahora, háblame».

«Dios, estoy con sueño y cansado».

Él dijo, «Bueno, Yo te voy a refrescar».

Así que, empecé a orar, y el cuarto del hotel se calentó. Caminé hacia la puerta y la abrí y aire fresco comenzó a soplar. Grité, «¡Gloria a Dios!» Y un hombre venía caminando por la puerta. Cuando él me oyó, dio un salto y dijo. «¡OH señor!»

Yo dije, «¿Te asusté?»

Me contestó, «¡Definitivamente!»

«Lo siento mucho».

«¡Está bien!» dijo él y me miró muy raro. Yo solo había gritado alabando a Dios a las tres de la mañana, mientras estaba pasando por mi cuarto. Supongo que esto le pareció un poco extraño.

Así que, entré y cerré la puerta y empecé a orar por este hombre. Dije, «Señor, manda Tu Santo Espíritu a él».

¿Y sabes que oí? Él salió corriendo por el pasillo. Me empecé a reír y a orar, y luego me sentí bien refrescado, así como Dios me había dicho.

Un Borracho en Mi Puerta

En otra ocasión, estaba predicando en un avivamiento y me estaba quedando en un hotel. De repente, escuché un gran ruido al otro lado de mi puerta.

Pensé, *¿Que será eso?* Fui a la puerta, la abrí y ahí estaba un hombre boracho en el suelo al lado de la puerta quejándose, "Arrrrhhhh".

Ví hacia abajo y le dije, «Tú necesitas a Jesús».

«Estoy bolo» susurró y después me miró, «Diosito mío, ¡aquí tengo a un aleluya frente a mi!».

Se levantó hasta donde pudo y salió de ahí gateando.. Su esposa, también borracha, venía detrás quejándose de él. El borracho volteó hasta donde yo estaba y me dijo, «¿La puedes matar por mi?»

Me voltee a ver. Ella estaba borracha también y como una tormenta lo insultaba.

La vi venir hacia mí y le dije, «¿por qué no oras por él?»

Ella solo me miró con una mirada como que si la oración era lo último que estaba en su mente, y siguió caminando siguiendo a su esposo.

En cualquier momento que mencionas a Dios en una situación como esa, asusta a la gente, ¡pero especialmente a los borrachos! No guié a ninguno de ellos al Señor esa noche. ¡Obviamente, no estaban en la actitud de recibir! Pero, es interesante que este hombre reconoció a un «aleluya» cuando lo vio. ¡Alguien probablemente le testificó antes y yo estaba ahí regando esa semilla en el pasillo de un hotel!

Orando en Público

Muchas veces, gente ha venido a mí en público y han preguntado, «Hermano Jesse, ¿puede orar por mi?».

Muchas veces, de inmediato respondo, «Inclina tu rostro». Y ellos dicen, «Pero no aquí, hermano Jesse».

Podríamos estar en el mercado o un restaurante. Pero, pero me he dado cuenta que es muy raro que alguien falte el respeto a la presencia de Dios. Aún en un lugar público, los incrédulos van hacer silencio cuando la presencia de Dios se manifiesta. ¡Los he visto inclinar sus cabezas en reverencia!

Una vez, me encontraba en un mercado de comida haciendo fila para pagar y una señora en la línea me pidió que orara por ella. Así que dije, «Inclina tu cabeza».

«Bueno, no aquí hermano Jesse. No aquí», ella susurro viendo al rededor, y me hizo señas de que habían, otros ahí.

Así que miré la fila de un lado al otro y dije, «Todos, inclines sus cabezas». Y todos lo hicieron. Todos dijeron, «Muy bien». Oré por la señora ahí en la fila, y nadie se ofendió por una oración simple. Ninguno faltó el respeto y todos inclinaron sus cabezas. Esto muestra que aún los pecadores van a respetar la presencia de Dios.

Algunas veces, el único lugar que vas a tener para orar por alguien va a ser en público. Si es así, no te preocupes, solo hazlo. Si hay otros alrededor y estas preocupado por lo que van a pensar, pregúntate, si tú estás más preocupado por lo que ellos piensan o por la oración. ¿Qué es más importante? Y si es la oración todo lo que tienes que hacer es ser cortés a los que están alrededor y decir, «Discúlpenme, pero yo voy a orar por esta persona porque ella tiene una necesidad real».

No tienes por qué tener miedo por los no creyentes por lo que puedan pensar. Lo que Dios piensa es lo que importa. Las necesidades son muy grandes para que sean sofocadas por la preocupación de lo que piensen los demás. Las oraciones son más importantes para que sean apagadas por eso.

Orando en Una Sauna

¡Algunas veces oro enfrente de no creyentes !sin darme cuenta lo estoy haciendo! Un tiempo atrás estaba tomando un baño en una sauna después que hice ejercicio, y había unos cuantos hombres ahí. Dije, ¡muchacho! «Está caliente» y porque había estado orando mientras estaba haciendo ejercicio dije, «¡Gloria al Señor! Gracias Jesús», salió de mi boca.

Si tú quieres aclarar un lugar rápido para tener más espacio, solo menciona el nombre de Jesús. Cualquiera que no esté interesado en oírlo, va a salir de ahí muy rápido. ¡La sauna estaba vacía en un momento! Figuré, si ellos pueden maldecir en público, yo puedo orar en público. A mi, nunca me dio pena maldecir en público cuando era un incrédulo. ¿Por qué me va a dar pena orar en público ahora que soy salvo?

Pero, hay una diferencia. Jesús es levantado. Y los demonios huyen cuando oyen Su nombre. Al menos, una persona está lista para recibir a Jesús, o está contemplándolo, sus mentes van a decir, «¡Sal de aquí! ¡Sal de aquí! ¡Sal de aquí!»

¿Te has preguntado alguna vez, porqué el miedo y temor viene a la gente cuando tú dices el nombre de Jesús? ¡Porque el nombre de Jesús es poderoso, esa es la razón porqué! Los ángeles se inclinan y los demonios tiemblan al sonido de ese nombre. ¡Si está saliendo de los labios de alguna persona que tiene fe real en ese nombre, verás como el cuarto se va a vaciar!

La gente que está huyendo de Dios, va a huir por el nombre de Jesús. Aquellos que están buscando de Dios, no se van a ir inmediatamente. Talvez se van a quedar y hablar y aún hacer algunas preguntas. Algunos talvez van a recibir lo que estás diciendo, pero ellos van a escuchar, si ellos están buscando. Talvez ni se van a dar cuenta que están buscando.

Quizá estarás leyendo este libro ahora mismo y no sabes por qué lo agarraste y lo empezaste a leer. Si ese eres tú, algunas cosas en este libro van a sonar raras como otro idioma y talvez no vas a creer mucho del contenido, pero, sí todavía lo estás leyendo, probablemente, estás buscando algo. Ese algo, es Dios, y todos nosotros lo necesitamos a Él en nuestras vidas.

Yo espero que lo busques y le hables. Si no te abres a nadie, en esta tierra, ábrete a Dios. Realmente Él es un buen Padre. Él te ama, no importa quien seas o donde hayas estado. Él quiere tener una relación real contigo.

CAPÍTULO 24

El Precio de Escuchar la Voz de Dios

En el ministerio terrenal de Jesús, Él tenía a un par de mujeres que realmente lo amaban y amaban lo que enseñaba. Ellas eran María y Marta, y tenían a un hermano que se llamaba Lázaro. Probablemente ya oíste la historia antes, pero quiero compartir algunos puntos contigo que creo te van ayudar.

Lázaro, conocía a Jesús personalmente. Él y sus dos hermanas comían y hablaban con Jesús—Jesús dormía de vez en cuando en la casa de la familia, cuando estaba en la ciudad.

Un día, Lázaro se enferma y sus hermanas tratan de contactar a Jesús. Pero, Jesús está en una reunión fuera de la ciudad y no puede llegar a la casa de inmediato.

María manda un mensaje a Jesús que dice, «Mira Jesús, si no vienes pronto, mi hermano se va a morir. Estamos trabajando en contra del reloj aquí. El hombre está enfermo. Está gravemente atormentado. ¡Se va a morir!»

Esta mujer, lo estaba enterrando con sus palabras, por tener tanto temor y hablar muerte sobre él. Casi cada vez que Jesús oraba y alguien se sanaba, Jesús decía algo así, «Tu fe te ha hecho completa». Marta y María todavía no entendían el poder de creer cuando se trataba de sanidad.

Ahora, el diablo se equivocó cuando trató de quitarle la vida a Lázaro, porque este hombre era amigo de Jesús y además, Dios no cree en la muerte prematura.

Si tú haces un estudio en la Biblia, te vas a dar cuenta que a todos los que Jesús levantó de los muertos, eran jóvenes. No vas a oír de Jesús levantando una persona de noventa años. Tú lees de jóvenes siendo levantados de los muertos. Eso es porque su tiempo todavía no había llegado y el diablo ha logrado robar la vida de ellos. No es la voluntad de Dios que la gente joven muera, pero él va a hacer todo lo que pueda para «robar, matar y destruir» la gente de Dios. Salmos 91:16 dice, «*Lo saciaré de larga vida, y le mostraré mi salvación*». El plan de Dios es larga vida. Pero, el diablo logró matar a Lázaro—por lo menos unos días solamente.

Jesús oyó de la muerte de Lázaro; pero, a Él no le hizo ninguna diferencia que tan muerto estuviese Lázaro. Un día, dos días tres o cuatro—muerto es muerto. En la tradición judía, la persona no era considerada muerta hasta los tres días. Por lo tanto, pareció apropiado que Jesús esperara cuatro días para ver a Lázaro.

Ahora, el cuerpo de Lázaro estaba en una tumba. Pero, la combinación de su alma y espíritu, que es el verdadero Lázaro, no estaba enterrado. Aún así, tampoco estaba en el cielo. El Cielo es para aquellos que reciben a Jesús como su Señor. Jesús no había ido a la cruz todavía, así que, ¿donde estaba Lázaro? En el Paraíso. Él estaba en un lugar que existía para aquellos que amaban a Dios y murieron antes que Jesús fuera a la cruz—en el Paraíso, el lugar que la Biblia llama también el Ceno de Abrahán. Este es el lugar que todos los hombres y mujeres de Dios iban, después de la muerte.

Por lo tanto, Lázaro, está a la par de Isaac, Abrahán y Jacobo. Las preocupaciones de este mundo ya no existían en su mente. Él está en paz feliz y gozándose en el Paraíso. Pero, su familia está en profunda pena, y hay un milagro que está a punto de suceder, que va a sacar a este hombre ¡fuera del Paraíso!

Juan 11:17-43 nos da los detalles de la historia:

> «Vino, pues, Jesús, y halló que hacía ya cuatro días que Lázaro estaba en el sepulcro. Betania estaba cerca de Jerusalén, como a quince estadios; y muchos de los judíos habían venido a Marta y a María, para consolarlas por su hermano.
>
> Entonces Marta, cuando oyó que Jesús venía, salió a encontrarle; pero María se quedó en casa.
>
> Y Marta dijo a Jesús: Señor, si hubieses estado aquí, mi hermano no habría muerto. Mas también sé ahora que todo lo que pidas a Dios, Dios te lo dará.
>
> Jesús le dijo: Tu hermano resucitará.
>
> Marta le dijo: Yo sé que resucitará en la resurrección, en el día postrero.
>
> Le dijo Jesús: Yo soy la resurrección y la vida; el que cree en mí, aunque esté muerto, vivirá. Y todo aquel que vive y cree en mí, no morirá eternamente. ¿Crees esto?
>
> Le dijo: Sí, Señor; yo he creído que tú eres el Cristo, el Hijo de Dios, que has venido al mundo.
>
> Habiendo dicho esto, fue y llamó a María su hermana, diciéndole en secreto: El Maestro está aquí y te llama.
>
> Ella, cuando lo oyó, se levantó de prisa y vino a él. Jesús todavía no había entrado en la aldea, sino que estaba

en el lugar donde Marta le había encontrado.

Entonces los judíos que estaban en casa con ella y la consolaban, cuando vieron que María se había levantado de prisa y había salido, la siguieron, diciendo: Va al sepulcro a llorar allí.

María, cuando llegó a donde estaba Jesús, al verle, se postró a sus pies, diciéndole: Señor, si hubieses estado aquí, no habría muerto mi hermano. Jesús entonces, al verla llorando, y a los judíos que la acompañaban, también llorando, se estremeció en espíritu y se conmovió, y dijo: ¿Dónde le pusisteis? Le dijeron: Señor, ven y ve.

Jesús lloró.

Dijeron entonces los judíos: Mirad cómo le amaba.

Y algunos de ellos dijeron: ¿No podía éste, que abrió los ojos al ciego, haber hecho también que Lázaro no muriera?

Jesús, profundamente conmovido otra vez, vino al sepulcro. Era una cueva, y tenía una piedra puesta encima.

Dijo Jesús: Quitad la piedra. Marta, la hermana del que había muerto, le dijo: Señor, hiede ya, porque es de cuatro días. Jesús le dijo: ¿No te he dicho que si crees, verás la gloria de Dios?

Entonces quitaron la piedra de donde había sido puesto el muerto. Y Jesús, alzando los ojos a lo alto, dijo: Padre, gracias te doy por haberme oído. Yo sabía que siempre me oyes; pero lo dije por causa de la multitud que está alrededor, para que crean que tú me has enviado.

*Y habiendo dicho esto, clamó a gran voz: ¡**Lázaro, ven fuera!**»*

La Orden Mal Recibida

En ese momento, Lázaro está en el Paraíso, y de ese lugar, él oye una voz.

«¡Lázaro, ven fuera!»

Lázaro se voltea para ver de donde venía esa voz. Él pudo haber estado en una conversación con Abrahán, pero de repente esa voz del Señor viene por el aire— «Lázaro...» Escuchando y dándose cuenta lo que esa llamada significaba, Lázaro pudo haber pensado, *Pero, yo no quiero regresar, Señor.*

Eso es típico de la gente que dicen que han regresado de la otra vida. Es una libertad y paz que ellos no quieren dejar, aún cuando se van antes del tiempo. Jesús estaba gimiendo en Su espíritu poco antes de esto. ¿Te has preguntado por qué? Claro, nosotros sabemos que estaba triste porque lloró. Él sabía que Su amigo había muerto joven, y Él vio como su familia se lamentaba y aún le echaban la culpa a Él que, si solo hubiera estado ahí, todo eso no hubiera acontecido.

Pero, el gemido pudo haber sido porque los dos lados lo estaban jalando. Marta y María estaban desesperadas, queriendo a su hermano Lázaro de vuelta. Lázaro estaba libre y feliz donde él estaba, aunque él no se suponía que estuviera ahí todavía. Pero, no importa donde tú estés, cuando el Jefe habla, tú escuchas.

La voz del Hijo de Dios estaba hablando.

«¡Lázaro, ven fuera!».

¿Y sabes lo que pasó? ¡Lázaro salió!

El poder del mandato de Jesús, jaló al joven Lázaro del Paraíso y empujó su alma-espíritu de regreso a su carne mortal. El poder de las simples palabras de Jesús lo puso de regreso en la tumba, envuelto de vendas y ropa de entierro que de repente, estaba tratando de quitarse.

Estoy de vuelta, Lázaro probablemente pensó. *¡Estoy vivo!*

«Y el que había muerto salió, atadas las manos y los pies con vendas, y el rostro envuelto en un sudario. Jesús les dijo: Desatadle, y dejadle ir» (v. 44).

Lázaro estaba en el Paraíso gozándose, pero no era el plan de Dios de que se quedara ahí. Estaba muy joven.

Todos Tenemos Un Tiempo Designado

Si tú pudieses equiparar la muerte con un signo de puntuación, podrías decir que la muerte, no es el final de una oración. No es un punto; es solo una coma. Es como una pausa en el fluir de una oración. Después de la pausa, tú sigues leyendo.

Así como Jesús vino a la tierra, cuando nosotros morimos, continuamos viviendo en otro lugar—el Cielo o el Infierno. A mi me gusta decir, que ¡no habrá incrédulos después de la muerte! ¡Todos van a creer quieran o no quieran!

Todos tenemos un tiempo designado para morir, y después de eso, viene el juicio de Dios, de acuerdo a Hebreos 9:27. Algunas veces el diablo roba una vida antes del tiempo designado; pero, todos tenemos un tiempo para morir y es importante que hagamos lo que tenemos que hacer para mantener esa cita—y ¡no aparecer mas temprano que el tiempo que debemos de llegar!

Algunas veces en la vida, hay gente que realmente quieren irse antes. ¿Sabías tú, que el Apóstol Pablo estaba tratando de morirse por años antes del tiempo supuesto? Él le habló a Dios al respecto, rogándole que lo sacara de aquí. Pero, él terminó diciendo, que por el bien de los demás, era mejor que se quedara. Él sabía que Dios tenía un destino para que él cumpliera, a pesar de que él se quería ir al Cielo antes, Dios llamó a Pablo a los Gentiles.

Por eso es que cuando Pablo estaba condenado a muerte, no se quejó ni reclamó en cuanto a morirse. En lugar de eso, Pablo dijo, «denme un pedazo de papel. Voy a escribir más revelaciones antes que me vaya a mi hogar con Dios".

Él estaba cuidando de su cuerpo, porque él dijo, «Tráiganme mi capote".

Él estaba cuidándose de su mente porque dijo, «Denme unos libros".

Él estaba cuidando su destino diciendo, «Pero, tráiganme los pergaminos. Déjenme decirles más acerca de lo que Dios ha dicho».

Él entendió que antes de su cita con la muerte, tenía que cumplir con su destino. Pero, Pablo quería morirse e ir al Cielo. Le costó el quedarse, pero las recompensas fueron más allá del costo. ¡Hoy tenemos mucho más del Nuevo Testamento por Pablo!

En cuanto a la muerte de Lázaro, hubo un costo involucrado por oír la voz de Dios también. Lázaro estaba caminando en el Paraíso, pero, Jesús sabía que se había ido muy temprano. Él no estaba donde se suponía que estuviese. Jesús sabía que Lázaro debería de estar todavía con sus hermanas. No era tiempo de morir todavía, pero esa terrible enfermedad se lo había llevado muy temprano.

Pero, le costó a Lázaro obedecer la voz de Dios.

Pospuso su llegada al Paraíso por unos años más.

El Costo de Obedecer Su Voz

Como un ministro yo viajo mucho. Es lo que Dios me mandó hacer. Él me habló, me llamó a la función de Evangelista y me comisionó a, «...*Id por todo el mundo y predicad el evangelio a toda criatura*». (Marco 16:15).

No es fácil todo el tiempo. Algunas veces no quiero dejar mi hogar. Yo tengo una hermosa esposa. Algunas veces no quiero ir. Yo la miro algunas veces y pienso, *Dios, he estado en las carreteras por mucho tiempo. Ya no quiero salir mas*. Pero, Él me llamó con Su voz, «¡Id!».

Como un evangelista, estoy agradecido y bendecido de tener más invitaciones que las que puedo cumplir. Pero, algunas veces, solo quiero quedarme en casa, cuando Dios me ha dicho que vaya. Hay una pelea entre el querer lo que quiero y lo que Dios quiere. Es lo que todos confrontamos algunas veces, cuando Dios nos habla y nos dice que hacer; pero va en contra de nuestros planes. Es la voz de Dios, que no quisiéramos oír funcionando.

El escuchar la voz de Dios me ha costado algún tiempo con mi familia. No todo, pero bastante. Aún así, yo se que estoy haciendo lo que Dios quiere que haga. Y la gente por miles está siendo guiada a Jesús a través de mi ministerio. Mi recompensa en el cielo va a ser grande, y aún Él me está recompensando aquí en la tierra.

Las Recompensas Por Seguir Su Voz

Como ministro del Evangelio, me afirmo en la escritura en Marcos 10:29, 30: «*Respondió Jesús y dijo: De cierto os digo que no hay ninguno que haya dejado casa, o hermanos, o hermanas, o padre, o madre, o mujer, o hijos, o tierras, por causa de mí y del evangelio, que no reciba cien veces más ahora en este tiempo; casas, hermanos, hermanas, madres, hijos, y tierras, con persecuciones; y en el siglo venidero la vida eterna.*"

Aquellos que escogen seguir la voz de Dios en el ministerio y renuncian todo, son recompensados en esta vida y la siguiente. Ahora, se nos dice, que esas recompensas vienen con persecución en esta vida, pero vale la pena. ¿Que es lo que viene con persecución en esta tierra? ¡No mucho! El diablo anda por ahí, tratando de robar, matar y destruir todo el tiempo. Pero Dios está aquí todo el tiempo también. Y yo ya leí el final del Libro. ¡Nosotros ganamos! Así que yo digo, «trata de darme el peor golpe que puedas, diablo. ¡Yo tengo a Dios a mi lado, y estoy venciendo!»

No Tiene Sentido el Rogar

Algunas veces estoy predicando en el camino, oigo a la gente orando y es como si le estuvieran rogando al diablo que les regrese lo que ha robado. Me pregunto por qué algunas gentes tienen que rogar al diablo que les regrese todas las cosas. Es como si le estuvieran suplicando que se rinda.

Yo quiero gritar, «¡El diablo no escucha el razonamiento! Él no va a soltar nada a nadie sin una pelea. Esto es llamado, la batalla de la fe».

Fe y autoridad es a lo que el diablo responde. Algunas veces estoy orando acerca de lo que el diablo me ha robado y digo, «¡dame eso, diablo!» Y él dice, «¡No!» y pelea con las uñas y con los dientes. Yo tengo que usar las Escrituras, mi espada, para recobrar mis cosas. ¡Tengo que usar mi fe y mi autoridad dada por Dios como Su hijo!

Estando entonados con el Espíritu de Dios realmente ayuda a darte confianza. Jesús tenía confianza, por eso, debemos seguir Su ejemplo en la vida. Él no era ningún debilucho. Él no jugó con el diablo. Él reprendió al diablo, lo echó fuera y lo resistió. Jesús era poderoso. Él oraba bastante. Él fue al desierto para estar a solas con Su Padre.

Jesús estaba tan entonado con Su Padre que Su percepción de las cosas espirituales ¡estaban muy arriba del mapa! Es como si Él tuviera una antena apuntada hacia el trono de Su Padre. Podrían haber miles de personas esperando para ser sanadas, y Dios le enviaba un pensamiento a Jesús, *Ve al monte a orar*. Jesús dejaba la multitud en la playa y decía, «Regreso más tarde. Debo de hablar con Mi Padre».

Él no permitió que la opinión de la gente, debería gobernar en Su vida. Él hizo lo que Dios le decía que hiciera. Él usó Su fe como un canal para el poder de Dios, y logró milagros maravillosos que nos inspiran hasta el día de hoy.

¡Jesús fue un hombre de poder!

CAPÍTULO 25

El Poder En Sú Voz

El Evangelismo es la visión de Dios para la tierra. Él se lo dio a Jesús, y Jesús te lo ha dado a ti y a mi. Dios le dio la vida a un hombre muerto cuando Él levantó a Lázaro de los muertos. Y lo hizo con Su voz.

El poder en la voz de Dios. No es poder vocal; es poder espiritual, y está en nosotros también. Ahora, yo nunca he tenido la fe para hacer lo que Jesús hizo en este ejemplo, llamar a un hombre muerto de regreso del otro lado de la vida. ¡Pero, tal vez llegue un día! Tú no oyes acerca de levantar muertos a menudo en nuestros días, yo creo que es porque no tenemos mucha fe en nuestros días, y también creo que cuando los creyentes mueren, van al cielo y están en la mera presencia de Dios. Es difícil dejar algo así. Es aún mejor que el mismo Paraíso. Cuando tú estás viendo el rostro de Dios, ¡este lugar en la tierra se ve como un pozo!

Hay un poder maravilloso a través la voz de Dios. Y hay poder en nosotros porque la palabra que hablamos, es Su Palabra. Cuando nosotros hablamos la Palabra de Dios y ministramos Su amor salvador, puede alcanzar los corazones de la gente y sacarlos del pozo de oscuridad. ¡Como Lázaro, los puede jalar de donde ellos estén, en el pozo del pecado y depresión, que los haga levantarse! A levantarse y caminar hacia el altar y decir, «Yo quiero ver a este Jesús. Yo quiero que sea mi Señor." Eso es, la gente respondiendo al poder de la Palabra de Dios.

Ven a Mi...

Jesús está llamando a todos a Él. Él no quiere que ni una sola persona se pierda de conocer a Dios como Su amigo y Su Padre. Él no quiere que Su sangre fracase en alcanzar a una persona. Él quiere que Su sacrificio lave el pecado de todos para que se puedan comunicar libremente con Su Espíritu Santo.

Hay gran poder en compartir a Jesús con los demás. Los problemas de este mundo maltratan a la gente y necesitan ayuda. Jesús está aquí. Él no está ausente. Él está disponible. Su mismo nombre quiere decir, «Dios con nosotros», y podemos compartir eso con la gente que encontramos. Nosotros podemos hacer el trabajo de un evangelista, simplemente diciéndole a los demás lo que sabemos.

No tenemos que conocerlo todo, para compartir el mensaje de Jesús con los demás. La vida de un cristiano, es una jornada aprendiendo más acerca de Dios, Su Palabra, y como aplicarla a nuestra vida diaria. ¡Nadie llegará a la perfección hasta que nos encontremos con nuestro Creador cara a cara en el Cielo! Hasta entonces, vivimos cada día visitando con Dios, aprendiendo más acerca de Él a través de Su Palabra, aplicando lo que aprendemos, usando los dones que Él nos ha dado, y compartiendo lo que sabemos con los demás.

Y es una buena vida.

En Mateo 11:28 Jesús dijo, «*Venid a mí todos los que estáis trabajados y cargados, y yo os haré descansar*». Nota que no dice, «Vengan a Mí todos aquellos que quieren bastantes problemas». ¡No es una advertencia de una situación funesta de la vida! Es simplemente un mandato para que vengan y encuentren alguna paz conociendo a Jesús. Esa escritura es para todos. Es para aquellos que no conocen a Dios y necesitan paz. Es para aquellos que conocen a Dios, pero que han permitido que los problemas de este mundo destruyan su esperanza, su estima propia, y optimismo para un mejor futuro.

Jesús nunca dijo, «Venid a Mi, y Yo les voy a dar un cáncer». O, «Venid a Mi, y les voy a dar pobreza». Él prometió darnos *descanso*.

El venir a Jesús no significa que tú vas a recibir un cargamento de más problemas. Quiere decir, que vas a recibir más soluciones. No es una carga pesada que tienes que llevar. Es un paquete fácil que simplemente hace de la vida más pasadera—¡y aún divertida! Yo creo que es grandioso conocer a Dios. ¿A quien no le gustaría comunicarse con su Hacedor?

Jesús promete, «*Llevad mi yugo sobre vosotros, y aprended de mí, que soy manso y humilde de corazón; y hallaréis descanso para vuestras almas; porque mi yugo es fácil, y ligera mi carga*». (Mateo 11:29-30).

Yo no se qué es lo que tú estas acarreando por todos lados en el día de hoy. Pero lo que eso sea, solo recuerda esto: ¡Si es pesado, no es de Dios! Y no es para ti. Conociendo a Jesús es una manera buena de vivir.

Algunas veces, nuestras familias, iglesias, y trabajos ponen cargas sobre nosotros, pero Jesús nunca lo hace.

Su yugo es fácil.

Su carga es ligera.

Él quiere que sepas, que Su Espíritu Santo está contigo cada paso del camino. Cuando Jesús estaba hablando con Sus discípulos antes de ir a la cruz, les hizo una promesa que todavía esta vigente hoy.

Él prometió que cuando Él se fuera al Cielo, Él iba a preparar una mansión para nosotros. ¡Y no cualquier cosa—una mansión! ¿Qué es una mansión al estándar del Cielo? ¡Es definitivamente mejor que cualquier cosa que podamos construir aquí en la tierra!

Jesús fue un carpintero cuando Él caminó en la tierra. ¡Él continúa construyendo hoy en día! Él es el Maestro Carpintero quien está trabajando en el Cielo preparando para el día tú llegues a casa. Ahora, Si Él está tan ocupado con tu casa celestial, ¿no piensas que Él se ocupa de tu casa aquí en la tierra? ¿No piensas que Él se ocupa en cuanto a tu familia? ¿Tus amigos? ¿Tu trabajo? ¿Tus relaciones? ¿Los deseos de tu corazón?

Cuando yo era un niño creciendo en la iglesia, yo nunca oí que Dios estuviera interesado en mi vida diaria. Ahora que yo le conozco y conozco lo que Su Palabra dice, se definitivamente que ¡Él está interesado en mi vida diaria!

Él fue a la cruz a morir por mi. Él se ocupó de mi alma, pero, Él se ocupó de mucho más que eso. La vida es una cosa preciosa y santa. Jesús dijo en Juan 10:10 que Él vino a darnos vida y vida en abundancia.

Empezamos nuestra vida abundante cuando abrimos nuestros corazones a Dios, cuando abrimos nuestras mentes a Su Palabra y presentamos nuestras vidas como un sacrificio vivo a Él. ¡Dios sabe que no lo podemos hacer por si solos! Él sabe que nosotros somos humanos y cometemos errores. Pero, Él nos ama con el amor de un Padre—un buen Padre que quiere lo mejor para Sus hijos.

Mientras termino este libro, quiero que sepas, que no importa donde tú vayas, o lo que hagas en tu vida, la voz y dirección de Dios está disponible para ti. Dios habla de muchas maneras: A través de esa pequeña y suave voz en tu corazón; a través de las Escrituras; a través de Su voz audible; y a través de los dones del Espíritu Santo. Él habla a través de sueños, visiones, ¡y también en muchas maneras raras!

El Padre está buscando maneras para hablarte. Él te ama. Él se ocupa de ti y quiere que tengas gozo en tu corazón, que te goces a plenitud en las bendiciones; quiere que tengas una vida larga y tengas paz, sabiendo que Él siempre está donde tú te encuentres.

Nunca cometas el error de pensar que estás solo porque no lo estás. Nunca cometas el error que nadie te entiende, ¡porque Dios te conoce aún mejor que lo que tú te conoces a ti mismo! No te tienes que sentir solo o que te mal entiendan en este mundo loco, porque tu Padre nunca te va a abandonar y ¡Él siempre entiende lo que estás tratando de decirle!

No importa lo que sea, tú puedes estar confiado de que tienes a un Dios que le puedes hablar. Lo mejor de todo, ¡Dios está dispuesto a hablarte de vuelta! Así que, empieza una conversación con Él hoy mismo. Mantén tu corazón abierto, deja que tus dudas caigan a un lado del camino, y pronto vas a descubrir ¡lo maravilloso que es estar en comunión con Dios!

Oración de Salvación

Un nacimiento de nuevo con una relación de compromiso con Dios y es la clave para una vida victoriosa. Jesús, el hijo de Dios puso Su vida y se levantó de nuevo, para que nosotros pudiéramos pasar la eternidad con Él en el Cielo y experimentar lo mejor de Dios en lo absoluto aquí en la tierra. La Biblia dice, «*Porque de tal manera amó Dios al mundo, que ha dado a su Hijo unigénito, para que todo aquel que en él cree, no se pierda, mas tenga vida eterna*» (Juan 3:16).

Es la voluntad de Dios, que todos reciban la salvación eterna. La manera de recibir esta salvación es clamar al nombre de Jesús y confesarlo como tu Señor. La Biblia dice, «*Que si confesares con tu boca que Jesús es el Señor, y creyeres en tu corazón que Dios le levantó de los muertos, serás salvo. Porque con el corazón se cree para justicia, pero con la boca se confiesa para salvación*» (Romanos 10:9-10,13).

Jesús ha dado salvación, sanidad, y un sin número de beneficios adicionales, para aquellos claman Su nombre. Estos beneficios pueden ser tuyos, si tú lo recibes a Él en tu corazón, haciendo esta oración:

Padre Celestial, vengo a Tí, admitiendo que soy un pecador. En este momento yo escojo apartarme del pecado, y en este momento, te pido que me limpies de toda mi maldad. Yo creo que Tú Hijo Jesús murió en la cruz para quitar todos mis pecados. Y también creo que Él se levantó de nuevo de la tumba, para que yo sea justificado por medio de la fe en Él. Yo confieso el nombre de Jesucristo para que sea el Salvador y el Señor de mi vida. Jesús, yo escojo seguirte y te pido que

me llenes con el poder de Tu Santo Espíritu. Yo declaro ahora
mismo, yo soy un hijo de Dios nacido de nuevo. Yo estoy libre
del pecado y lleno de la justicia de Dios. Yo soy salvo en el
nombre de Jesús. Amén.

Si tú hiciste esta oración, para recibir a Jesucristo como tú
salvador, o si este libro ha cambiado tu vida, nos gustaría oír de
tí. Por favor Escríbenos a:

Jesse Duplantis Ministries
PO Box 1089
Destrehan, LA 70047
985.764.2000
www.jdm.org

ACERCA DEL AUTOR

Jesse Duplantis es un dinámico evangelista llamado a ministrar el mensaje de salvación de Jesucristo a todo el mundo. Nacido en Nueva Orleans, Luisiana, Estados Unidos, Jesse está ungido por Dios con una predicación única que derrite hasta al corazón más duro, por medio de divertidísimas ilustraciones y predicación de La Biblia.

Jesse está dedicado a tiempo completo a su ministerio evangelístico desde 1978, y su objetivo principal es extender el evangelio. Es un invitado muy popular en muchas iglesias, convenciones, seminarios, Institutos Bíblicos y programas de televisión cristianos de todo el país. Sus ungidos mensajes llevan al pecador al Calvario y anima al cristiano a ejercer su autoridad sobre el diablo mediante la convicción de su posición en Cristo.

Jesse cree que el cristianismo no es algo de lo que sólo se habla los domingos, debe ser una comunión diaria con el Señor Jesús. Y es esta comunión fresca la que hace, que de pronto lo imposible parezca posible.

En la actualidad, la vida de Jesse está dedicada a alcanzar a los perdidos y a fortalecer a los cristianos en su diario caminar con Cristo. Su programa semanal de media hora por la televisión ha tocado con el Evangelio de Jesús, a millones de vidas a través de la televisión secular y cristiana por todo el mundo.

Por medio de una predicación bíblica ungida, Jesse lleva el mensaje de esperanza de Dios a nuestra generación. Un mensaje que atraviesa todas las barreras denominacionales, trasciende la hipocresía y la fatalidad humana y alcanza al corazón humano.

Más productos en español por
Jesse y Cathy Duplantis

Jesse Duplantis

- Entendiendo La Salvación
- Déjalo En Las Manos de Un Especialista

Cathy Duplantis

- La Palabra Sanadora
- Confiesa La Palabra de Dios

Para ordenar los productos escriba a:

Jesse Duplantis Ministries
PO Box 1089
Destrehan, LA 70047
985.764.2000
www.jdm.org